京都新聞出版センター

序　文

京都丹波は、由良川水系と桂川水系の源流域から中流域に広がる山間の地で、古くから開けて多くの人が住み着いてきた。清らかな水と豊かな土地、昼夜の寒暖差ある気候が多種多様な食材を育んだ。平城京のころには米を献上し、平安京ができてからは京の都を支える食材の一大供給地としての歴史も刻んできた。

本書は２０１８年５月から20年３月まで京都新聞丹波版で、秋田久氏記者が計43回にわたって連載した「丹波訪米記」と「丹波訪食記」をまとめたものである。

「訪米記」には、江戸中期に復活した新天皇の即位に伴う「大嘗祭《だいじょうさい》」に使う米を栽培する「主基《すき》田《でん》」を丹波国が担うなど朝廷との深い関わりや、年貢に苦しめられた農民悲話、戦後の飢餓を救った「水稲農林１号」を育成した亀岡出身の技師の物語、今に伝わる豊作祈願の神事、風習、占いから、現代の米作りが抱える課題を乗り越えようと努力している人々の姿が丁寧にリポートされている。「訪食記」は米以外の丹波の食材に焦点を当て、ビール用大麦、パン向きの小麦、アユ、丹波くり、丹波大納言小豆、京野菜、マツタケ、ジビエなどの生産・消費に携わる人たちの未来につなぐ息づかいを伝えている。

共通しているのは、丹波の地で培われてきた農を基本とする多くの営みが、これからも豊かな自然と共に、ずっと続くことを切に願う筆者の静かで熱い思いであろう。未来につながる食の現代版「丹波風土記」である。

（元京都新聞記者　三谷茂）

目次

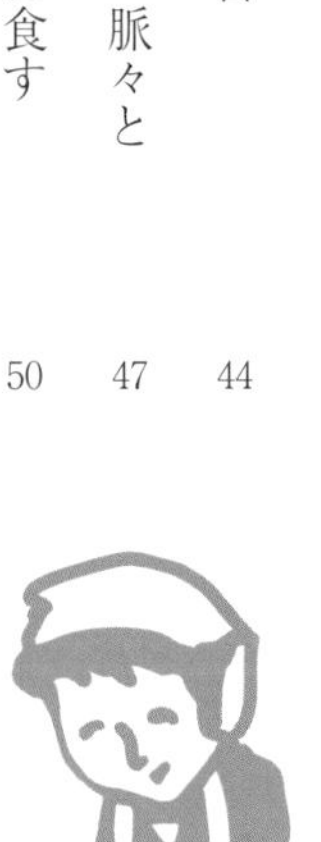
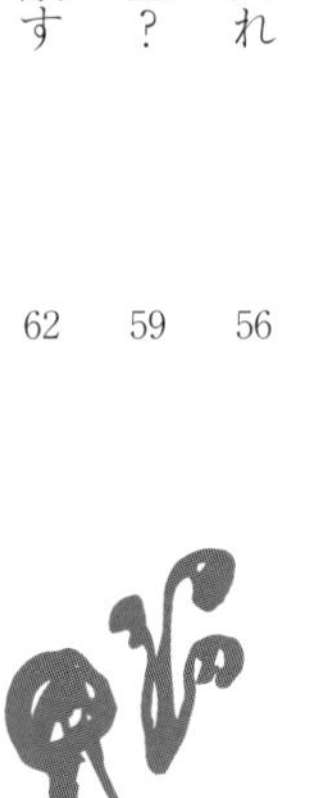

丹波訪食記

＊本書記載の団体名称および肩書、年齢は新聞掲載時点のものです。

丹波訪米記

日本人の主食とされてきた米。
農業の担い手の高齢化や
米価下落などの荒波を受けながらも、
古代から連綿と栽培が続いている。
源流から最新の潮流まで
丹波の米にまつわる物語を追う。

献上米　最良の地から「新嘗祭」へ

鏡のような水田が谷あいに広がる中、イネの苗が規則的に植えられていく。２０１８年5月の連休最終日、京丹波町豊田で農業を営む北村優幸さん(71)は田植えに追われていた。[1]

「昨年はずっと米のことが気掛かりだった。今年は少し気は楽だが、適度に雨が降るイネの成長にいい気候であってほしい」

府代表選ばれ「名誉」

17年10月23日のことだ。北村さんはモーニングコートに身を包み込み、収穫した一升の米を桐の箱に入れて皇居に向かっていた。宮中祭祀《さいし》「新嘗祭《にいなめさい》」に使う献上米に北村さんのコシヒカリが京都府代表に選ばれたからだ。それは、五穀豊穣《ほうじょう》を神々に感謝して、国の安寧を願う重要な儀式とされる。

その献穀式に、米やアワを育てた農業者らが出席し、天皇・皇后両陛下（現上皇・上皇后）が作柄を尋ねて回られた。北村さんは「神秘的なご様子で震えるような思いがした」と、米で得た貴重な経験を振り返る。

北村さんは減農薬にこだわり、丹波地域の米のコンテストで入賞を続けてきた。献上は京丹波町から打診があった。米は一番水のきれいな場所で作り、獣が入らないよう細心の注意を払った。収穫後は色彩選別機にかけた上で米粒をよりすぐった。「名誉なこと。先祖からの田を頑張って守ってきたかいがあった」とほほ笑む。

新嘗祭は毎年11月23日に営まれ、天皇陛下が皇居内の神嘉殿で、各地の献上米や自ら栽培した米やアワを神前に供え、食される。

天皇家と関わり深く

米と天皇家の関係は神話にさかのぼる。８世紀に編さんされた古事記や日本書紀には皇室の祖神とされる天照大神《あまてらすおおみかみ》の孫・瓊瓊杵尊《ににぎのみこと》が天から地上へ下る「天孫降臨」が描かれている。佛教大の斎藤英喜教授（神話・伝承学）は「天照大神は孫に稲穂を授け、孫の名前も稲穂がにぎにぎしく実っているという意味がある。新嘗祭は天皇にとって米の収穫に感謝するとともに、神話からの系譜を表す重要な儀式」と指摘する。

19年11月には新天皇の大嘗祭《だいじょうさい》（即位後初の新嘗祭）が営まれる。儀式に使う米を栽培する「悠《ゆ》紀田《きでん》」と「主基田《すきでん》」が指定される。昭和天皇の時は滋賀県と福岡県、現上皇の時は秋田県と大分県が選ばれた。［2］

江戸時代に主基田

大嘗祭は約２２０年の中断を経て江戸時代中期の１６８７（貞享４）年に復興された。その際、悠紀田を近江国、主基田は丹波国が担ったとされる。丹波国では皇室関係領の並河村（亀岡市）と鳥居村（京都市右京区）にその記録が残る。

１８４８（嘉永元）年の大嘗祭の主基田があった亀岡市大井町並河を訪ねた。桂川の近くに水田や畑が広がり、ＪＲ山陰線がすぐそばを走る。献上を記す目印は何もない。

通りがかった地元の農業永田敏和さん(69)に主基田について尋ねると初耳だという。「亀岡ではたびたび水害が起きてきたが、そう言われてみればここは、なぜだか水が漬かない」。先人も最良の地を選び、次代の幕開けを担う米を献上してきたのだろうか。

1

2

1　田植機を操作する北村さん。2017年は近くの水田で天皇陛下に献上する米を栽培した（京丹波町豊田）

2　新嘗祭に臨まれる天皇陛下（現上皇・奥左から２人目）＝2013年11月23日、皇居・神嘉殿（宮内庁提供）

豊作祈願 ⑴ かつての暮らし映す

豊作を目指す作太郎と作次郎は米作りに余念がない。暦を見て作業開始の日を選び、池をさらい、イネの種を水に漬ける。苗代を作って種をまいた後も食べに来る鳥を追い払う。兵庫県の但馬地方まで牛を買いに行くが、なぜか高値で買ってしまう。牛に転ばされても笑い飛ばして田をすく。早乙女をそろえ、さあ、にぎにぎしく田植え。実った稲穂を稲木にかけて一安心—。【1】

慶雲年間（8世紀初頭）の創建と伝えられる南丹市日吉町の多治神社で、豊作を祈願する神事「田原の御田」（5月3日）が営まれた。作太郎役と作次郎役の氏子2人が、漫才さながらの掛け合いを交え、15の稲作の工程を演じた。境内では参拝客の笑い声が絶えなかった。

この神事は鎌倉時代後期の１３０７（徳治２）年に始まったとされ、国の重要無形民俗文化財に指定される。山路興造・元京都市歴史資料館長（民俗芸能史）は「民衆の芸能には笑いが必要。当時の流行だった狂言を取り入れた」と指摘する。

御田に参加した大塚彦太郎さん(72)＝日吉町田原＝は「お米は命の次に大事だと、祖父から教わった。御田にあるように耕運用の和牛を一軒ごとで飼い、自分も田すきの練習をさせた」と幼少期を振り返る。水害時など米が収穫できない時に備えて蔵に蓄え、非常時には集落で分け合ってしのぐこともあった。

風習、消滅の危機に

トラクターの普及や苗の流通、米の消費量の減少…。現在の農業では御田で演じられる作業工程は省略化されていく。大塚さんは「出荷できない米であっても、団子にして食べるほどかつては貴重だった。時代は変わり、安定して生産できるようになって、値段も安く、余ってしまうようになった」と嘆く。

神事の中の稲作の工程だけでなく、風習も風前のともしびだ。

薄紫色の花を付けたヤマツツジが十字に飾られ、高さ3メートルほどの竹ざおの先にくくりつけられる。亀岡市旭町の川勝郁夫さん(78)は5月8日、2018年も庭先に「天道花《てんとばな》」を掲げた。お釈迦《しゃか》さまの誕生日にあたる旧暦4月8日にちなんだ月遅れのこの日を同市では「ヨウカビ」といい、山から「田の神」を迎えて五穀豊穣《ほうじょう》を祈る。川勝さんは「昔はどの家も掲げていたが、今はほとんどやっていない。ツツジに加えてシャクナゲも飾っていたが、いつからか、採れなくなってしまった」と言う。〔2〕

天道花は田の神が降りるより代《しろ》と考えられ、神は編み笠をかぶって現れるとも言われるため、花の前にヨモギもちでつくった「編み笠団子」を供える。妻の睦子さん(75)は団子をつくるとともに、近くのお寺で甘茶をもらい、仏壇に供えた。

平穏無事を願って

甘茶を家のまわりにまくと、マムシが入ってこないとの言い伝えがある。以前は同市篠町の念仏寺までマムシよけの米粉を固めた「花供《はなくそ》」を授かっていたが、農地の整備でマムシが出なくなったため、お寺には行かなくなったという。風習を続ける意味について、郁夫さんは「今年も何事もないことを願う。そういうことかな…。カラスが団子を狙っているので、一日、見張っとかんといかんなあ」とつぶやいた。

自然とともにゆったりと流れる時間。失われつつある、稲作を中心にした、かつての農村の暮らしを垣間見た。

1

2

1　田原の御田で牛役の子どもに押されて倒れる作次郎。境内に笑い声が響いた（南丹市日吉町・多治神社）

2　編み笠団子などを供え、天道花を見上げる川勝さん（亀岡市旭町）

赤米 波打つ稲穂 古代ロマン

赤米、黒米、緑米、白米…名付けて「虹いろ米」。

南丹市八木町で「丹波ハピー農園」を営む堀悦雄さん(65)は色とりどりの米粒を手のひらに乗せて、いとおしく見つめた。15種類の米を同じ水田に植え、無農薬、無化学肥料で育てたオリジナル商品だ。堀さんは「混ざって育っている様子はきれい。農家として生き残るには、ほかの人とは違うことをしようと思って始めた。白米単独よりも元気に育つ」と感じる。【1・2・3】

堀さんの栽培法から多様なイネの姿が見えてくる。黒米の栽培を始めたのをきっかけに、変異した赤米を増やしたり、仲間と種を交換したりして種類を増やしてきた。「当初は近隣の人から病気にかかっていると間違われた。白米の品種より草丈は高く、（籾《もみ》の先端に付く毛の）芒《のぎ》が長いが収穫量は少ない。香りのあるお米もあっておいしいし、赤米の穂が出ると田んぼが燃えているような景色になる」

ぬかの部分に色がある赤米、黒米などは、収穫量が多くて草丈が低く倒れにくい現代のイネとは違う。かつての姿を残すとされ、「古代米」と呼ばれる。

龍谷大の猪谷富雄教授（作物育種学）は「22種ある野生のイネはすべて赤米。進化の過程で変異によって白米ができ、農民が白米を積極的に選択して増やしていった」と指摘する。

赤米は雑草の扱いに

在来の赤米に加え、中世には中国から導入された干ばつに強い長粒の赤米が栽培されていた。明治時代になって赤米は雑草の扱いを受けた。食糧増産を国策とした戦時中は白米との交雑を避けるために栽培が禁止されたと言われる。

忘れられた存在だったが、戦後、古代米として復活する。そのきっかけは、奈良市の平城京跡から１９６５年に出土した荷札の木簡だった。「丹後国竹野郡芋野郷」から赤米を献上したと記されていた。

「芋野郷」がある京丹後市弥栄町の郷土史家芦田行雄さん＝２０１２年没、享年87歳＝が赤米に興味を持ち、神事用に残っていた岡山県総社市の種を１９７５年に入手して、栽培を始めた。

「古代米」の復活は新聞やテレビなどで大きく報道された。その後、国による品種改良で、栽培しやすい赤米の新品種が次々と誕生し、健康食品として注目を集め、水田に模様を描く「田んぼアート」に使われている。

平城京木簡に記載

今でも弥栄町では芋野郷赤米保存会が子どもたちと一緒に古代米の田植えをしている。藤村政良代表(68)は「約１３００年前にこの集落があって先人が赤米を作って都に納めていた。ロマンがあって古里の誇りにつながる」と語る。【4】

丹波地域でも平城京跡の出土木簡で古代の亀岡市内の地名とされる記載がある。弥生時代の太田遺跡（同市大井町など）からは、稲穂の収穫に使う石包丁が出土し、古代から稲作が行われていたことをうかがわせる。猪谷教授は「古代は赤米が今よりも多かっただろう」と想像する。

「丹《あか》」の「波」のごとく、赤い稲穂がさざ波のように風になびいた風景が、古代人の目の前に広がっていたのかもしれない。

2	1
3	4

1 赤米、黒米、緑米、白米が混ざった虹いろ米を見せる堀さん（南丹市八木町）
2 堀さんが収穫した赤米の稲穂
3 堀さんの虹いろ米を白米に入れて炊いたご飯
4 平城京に赤米を献上したとされる「芋野郷」で、古代米の田植えを楽しむ子どもたち（京丹後市弥栄町芋野）

農林1号　食と農支えた「稲の恩人」

「コシヒカリの親のすごい米」——　植え付け間近の「農林1号」の苗を亀岡市曽我部町の京都学園大（現京都先端科学大）4年東世人さん(21)はこう表現した。東さんは大学の実習田に農林1号や酒米を植えて、卒業論文の研究に取り組んでいる。【1】

米の品種改良は明治中期以降、国や道府県ごとに農事試験場が設立されて進められてきた。1931（昭和6）年、農林1号が優良品種を番号登録する国の制度で初めて採用された。戦後はこの農林1号からコシヒカリが誕生した。さらに、コシヒカリから、ヒノヒカリ、ひとめぼれ、あきたこまちに血統が受け継がれていった。2017年のうるち米の全国作付け割合は、これら4種が計6割（米穀安定供給確保支援機構調べ）に上り、上位4位を占めていた。農林1号は今、日本人の多くが食べる、お米のルーツだと言える。

育ての親は亀岡出身

京都学園大は2012年から農林1号の栽培に取り組み、学生食堂での米飯の提供や酒造りを行ってきた。担当する河田尚之教授は「戦前の冷害や戦中戦後の米不足を救ったのも農林1号。育ての親は亀岡出身の技師です」と説明する。

改良に尽力した並《なび》河《か》成資《しげすけ》は1897（明治30）年、同学園大近くの曽我部町で生まれた。東京大を卒業後、農林省（現農林水産省）に入り、新潟県長岡市の県農事試験場に赴任した。72株ずつ植えた稲の系統ごとに草丈や枝分かれ、出穂期などを細かく記録して特性を見極める。収穫時期が早く、収穫量が多い、さらに食味が良い品種を選んでいった。品種改良への挑戦の途中に幼い長男が病気で亡くなり、台風の暴風から人垣をつくってイネを守った逸話が伝わる。並河の三男陽《あきら》さんの妻・富有野さん(77)＝亀岡市大井町＝は「スポーツ万能で部下の信望も厚かったと聞く。一粒でもたくさんのお米を作って国を豊かにしたいと命を懸けて仕事した」と語る。［2・3］

昭和初期、新潟県や北陸地方で栽培する米は、鶏も食べない「鳥またぎ米」とさえ酷評された。しかし、農林1号の誕生によって評価は一変し、おいしい米となった。収穫時期が早く、台風襲来前に刈り取れ、裏作も可能となった。農林1号の栽培面積は39年には全国で16万ヘクタールを超えた。米の端境期だった8、9月に収穫できる農林1号や早生《わせ》品種は早場米として、米の安定供給にもつながっていく。

一方で、並河は兵庫県姫路市の小麦試験場に転任した。「稲の栄光」と国策による食糧増産の重圧の中で苦しみ、日中戦争が激化する1937年10月14日に40歳で亡くなった。

功績たたえ新潟に胸像

戦後、彼の功績に光があたった。新潟県知事らが発起人となり、49年に並河顕彰会が設立され、並河の妻と3人の遺児への支援が、北信越の農家に呼び掛けられた。呼び掛け文には感謝の思いがにじむ。

「雪深いこの単作地農業の恩人のために、あなたの農林1号の一握りを心からささげていただけないでしょうか―」

寄付は約500万円に上り、新潟の試験場に並河の胸像が建てられ、農業分野で活躍した研究者の表彰に使われた。逸話は小学校の教科書に掲載され、「稲の恩人」という紙芝居もできた。2010年に亡くなった陽さんは、京都府立大に進学した後、府職員として稲の研究や農業の人材育成に尽力した。富有野さんは「農家からの恩を少しでも返したいと思っていた」と語る。

命を賭した並河の挑戦は現在の日本の食卓だけでなく、多くの農業者を支え続けた。

1
3 | 2

1　京都学園大（現京都先端科学大）の実習田で農林1号の苗を持つ東さん（右）と河田教授＝亀岡市曽我部町

2　並河成資

3　富有野さんが所蔵する写真。昭和初期に行われた新潟県農事試験場での刈り取り前の調査の様子

一揆
語り継がれる民衆の悲話

命がけの訴えはかなうのだろうか。着物姿の女人形が夫から託された書状を広げる。人形遣いの巧みな演技、悲哀を込めた太夫の語り口、奏でる三味線の音…。［1］

書状に「三割増の年貢上納の御沙汰あるは必定。度重なる天災・飢饉《ききん》の続く我《わ》が村は飢え死にするより致し方なし」と記す。自分に代わって園部藩主に村の窮状を直訴するようしたためられていた。

京丹波町で受け継がれる伝統芸能・和知人形浄瑠璃。2018年6月、上演された「長老越節《ちょうろうごえせつ》義《ぎ》ノ誉《ほまれ》」の一節からだ。舞台は江戸時代の1666（寛文6）年、同町仏主の藤田猪兵衛が重い年貢の減免を訴えて獄死する。妻おこんが長老ケ岳を越えて園部藩主に書状を届ける物語だ。道中、背中に背負ったわが子が死んでしまう。夫と子どもを失う女性の悲哀も同時に描く。

幕藩体制の下、藩は領有する村々で田畑の面積や質を調べる検地を実施した。石高を計算し、農民に年貢を課した。米は年貢の中心で、浄瑠璃の物語からは農民の苦しい生活がにじむ。

物語のモデルとなった夫婦は実在した。由良川水系の源流域で、山あいに水田が広がる仏主にお墓が残る。近くに住む藤田勉さん(70)は「年貢を厳しく取られ、生活が成り立たなくなったのだろう。夫婦の深い愛と絆、そして頑張りが描かれ、畏敬の念さえ感じる。語り継いでいきたい」と墓前に手を合わせた。［2］

年貢減免の訴え

江戸時代、大雨による洪水や干ばつが水田を襲い、米不足に見舞われた。それでも年貢は変わらず納めなければならない。飢餓のたびに農民たちは結集して領主に年貢減免を訴え、一揆を起こした。18世紀後半には浅間山噴火、疫病流行、冷害などの災害が相次ぎ、天明の飢饉（1782～87年）に陥った。米価が高騰し、全国の城下町や港町では、米の安売りや施しを求める町民たちが殺到し、米屋を襲った。

丹波地域では1787（天明7）年に大規模な一揆が発生した。湯浅貞夫氏の著書「天明の地鳴り」によると、酒屋や米屋の買い占めに不満を持つ農民が11月、南丹市八木町や亀岡市の大堰川河原でかがり火をたいて集まるようになった。19日からの4日間、一揆勢は南丹市や亀岡市の酒屋や米屋などを次々と襲い、打ちこわしを行ったとある。その数は33軒にのぼり、2万5千人が参加した、とする資料もある。

甚大だった打ち壊し

襲撃を受けた代官屋敷を継ぐ亀岡市千歳町の廣瀬正春さん(66)方には親族や知人から届いた見舞いの記録が残る。大いわしや卵、しょうゆなどの食料品のほかに、茶わんやたるといった生活用品、綿入れや足袋といった衣類に及び、木材も贈られている。廣瀬さんは「品目は多岐にわたり、被害は甚大だった。柱が傷つけられ、井戸が使われなくなったと伝わる。井戸にさまざまなものが投げ込まれてしまったのではないか」と推測する。［3］

亀岡市史によると、43カ村に参加が及んだ一揆の首謀者は次々と捕らえられた。京都町奉行所で裁きを受けた人は付き添いを含めて240人に上り、生きて古里に戻ったのは二十数人だったという。「貨幣と同じ役割をした米は権威の象徴だった。打ち壊すほうも決死の覚悟だったのでしょう」と廣瀬さん。

米を介した権力と民衆の関係は、さまざまな悲話を生んだ。

1

3 2

1 和知人形浄瑠璃の長老越節義ノ誉の一場面。おこん役の人形が夫からの書状に目を通している（京丹波町坂原・道の駅「和」道路情報センター伝統芸能常設館）

2 猪兵衛とおこんの墓に手を合わせる藤田さん（京丹波町仏主）

3 打ちこわしを受けた後に届いた見舞いの記録を見せる廣瀬さん（亀岡市千歳町）

ブランド化 ○ 高温に強く 競争参入へ

今はまだブランド名がない。しかし、このイネが京都の米の未来を担うかもしれない。「北陸246号」「収7520」「収9638」。亀岡市余部町の府農林センターの試験田脇に記号が書かれた札が並ぶ。府が開発を目指す新品種候補のイネがすくすくと育っていた。〔1〕

温暖化で下がる味

府が主食用米として開発に取り組むのは1932年に選抜されて全国に広がった「旭」以来だ。2017年度、国立の研究機関から取り寄せた11種類を育て、収穫した米の味や病気への強さなどの検討を重ねてきた。京都市内の老舗料亭の料理人や米穀店主らによる味の食べ比べを行って3種類に絞った。2018年度は補欠も加えた5種類を試験栽培している。品種ごとに区画を分けて丁寧に手植え。職員が草丈や茎の数を定期的に測っている。

栽培の背景について安川博之作物部長は「地球温暖化の影響でコシヒカリの味が下がっており、夏場の高温に強い品種が求められている」と説明した。イネの穂が出た後の夏場の猛暑で、デンプンが蓄積しない白未熟粒の発生が懸念されている。味に優れて高温に強い新品種を選び、一般での栽培を2021年度から始める方針だ。

北海道の「ゆめぴりか」、九州や四国で広がる「にこまる」、熊本県の「森のくまさん」…。全国では、すでにブランド米が次々と誕生している。

3年連続の「特A」

隣の滋賀県は1998年以降、玄米の一等米比率が全国平均を下回ったことから、高温に強い新品種「みずかがみ」を約10年かけて開発した。水田に建てたビニールハウス内での育成実験をして、2013年から市場に打って出た。農薬や化学肥料を抑えた環境に配慮した農法に限定し、2017年度は県内で2575ヘクタールまで生産拡大を図った。

さらに「みずかがみ」は日本穀物検定協会による食味ランキングでも15～17年度で「特A」に輝き、コシヒカリ並みの市場価格で販売されている。県は京阪神に加え、東京や中京圏へのPRを強める。琵琶湖近くの水田5ヘクタールで「みずかがみ」を作る中島紀昭さん(46)＝草津市＝は「近年は白未熟米が増えて困っていたが、みずかがみは大丈夫。地元発のブランドを誇りに思う」と語る。[2]

乳酸菌農法を実践

一方、南丹市では民間でブランド米を開発する動きが進んでいる。乳酸菌の入った袋を水田の取水口に置き、枯草菌で土壌改良する。NPO法人「南丹市エコタウン推進協議会」は、菌で味や収穫量を高め、農薬も減らした農法で米づくりを行う。理事長で同市に住む京都大名誉教授の芦田譲さん(74)が、地域で特徴のある米づくりをしようと、友人の研究者が開発した乳酸菌農法を14年から農家の協力で実践してきた。18年は21人が約10ヘクタールで栽培にあたっている。米は「京み米」として売り込みを重ねて味が認められ、京都市の料亭「美濃吉」に出荷され、都内の高級スーパーとも取引する。[3]

農業松本郁夫さん(78)は「生産者と消費者側との直取引で好評を得るとやりがいにつながる。南丹のブランド品に育てたい」と前を向く。

ブランド米が各地で登場する中、官民による丹波の新しい米の探究が始まっている。

1
3 | 2

1　京都府が新品種開発を目指す試験田でイネの草丈を測る職員（亀岡市余部町・府農林センター）
2　水田で育つみずかがみを紹介する中島さん（草津市下寺町）
3　乳酸菌の入った袋を持ち、米の作柄について話す松本さん（右）と芦田さん（南丹市八木町）

種 ０ 生産制度揺らぎ　岐路に

一番、立派に育ったイネから種をとり、命をつないでいく。山に囲まれた高地に水田が広がる南丹市八木町神吉。米農家の須賀智昭さん㊳は約3ヘクタールで自家採種による米作りを続ける。無農薬と無肥料にこだわり、種をとるイネは収穫後、稲木にかけて天日干しにする。「自家採種は種に育った記憶が刻まれていくよう。年によって食味が違うので面白い」と語る。【1】

有機野菜の味に感銘

宇治市出身の須賀さんは8年ほど前、フラワーアレンジメントを学ぶため、フランスに1年間留学した。研修先で有機農業に出会い、自然が育てた野菜の深い味に感銘した。「今まで食べていた野菜は、いったい何だったんだろう」。興味関心は農業へと向き、日本の主食の米農家になろうと決意した。

京都市右京区の京北地区で研修し、福知山市大江町で水害に遭いながらも米作りを続けてきた。5年前に妻の憩子さん㊲ら家族と一緒に神吉の地へ移り住んだ。

水田の雑草と格闘して育てた米は個人販売や、飲食店に直売している。「うまい米を何とか届けたいと、不屈の精神でやってます」と笑顔を見せた。

農家の自家採種1割

農家は古来、種をとり、多様な稲を栽培してきた。一方で2017年度産の米の種子更新率（見込み）は88％（全国米麦改良協会調べ）で自家採種は1割ほどに減った。大半の農家は都道府県が手がける種子や、それを育てた苗から米作りをする。

18年7月下旬、南丹市八木町の京都府原種農場ではコシヒカリが穂を出していた。農場では京都府が奨励する品種の米の種をつくり、府内の種子農家に供給している。この時期にイネを見て回って、葉の脱色や背丈が長すぎるなど、変異が確認された株を取り除く審査を実施する。

河瀬弘一場長は「種の発芽率もチェックして、変なものが混ざらないよう細心の注意を払う。種を毎年更新して使うと、品種が持つ特性を守る効果が期待できる」と説明する。[2]

種子法が4月に廃止

都道府県ごとに種子生産する背景には、米、麦、大豆に関する主要農作物種子法があった。しかし、種子法は18年4月に廃止された。その理由について農林水産省は「公の機関が種を独占して民間参入のハードルが高かった。生産制度の継続は一律でなく、各都道府県が判断する。業務用米が足りないミスマッチもあり、官民一体で種を増やしていく」としている。

河瀬場長は「法律の裏付けがなくなった。京都府で今後も従来通りの生産が続けられるのか、現段階では未知数だ」と顔を曇らせた。

種子法廃止に農家への影響を懸念する声が広がる。18年7月30日、京都府に隣接する兵庫県丹波市。民主党政権下で農林水産大臣を務め、「日本の種子《たね》を守る会」顧問の山田正彦さん(76)の講演会に農家ら約２００人が詰めかけた。山田さんは「種子事業の廃止を検討する都道府県もある。民間企業がつくった種は自家採種ができない一代限りのＦ１品種だ。肥料と農薬の購入をセットにした契約栽培が多く、種子の値段も高い。遺伝子組み換えや外資系の米の種に変わっていく恐れがある」と警鐘を鳴らす。

生産制度が揺らぎ始め、イネの種子は岐路に立っている。

1
2

1　無農薬、無肥料の水田横で自家採種した種もみを見つめる須賀さん夫妻（南丹市八木町神吉）
2　府原種農場で穂が出たコシヒカリの稲から葉が変色した株を見つけて抜く河瀬場長
（南丹市八木町西田）

《主要農作物種子法》
稲、麦、大豆の種子の安定供給を都道府県に義務付けた法律で、戦後の食糧増産の課題を踏まえて1952年に制定された。都道府県が奨励品種を決定し、種子農家に供給する種の生産や品質管理を行うことが定められた。

桂川　○　水害と恵み　水田支え続け

亀岡盆地を流れる桂川を航空写真で上から見ると、蛇行する川にぴったりと沿うように水田が広がり、水路が網の目のように張り巡らされている。農家は川に向き合いながら暮らし続けてきた。戦後復興を遂げつつあった１９５３（昭和28）年は水害の年だった。６月に九州北部を中心に西日本水害が起こり、８月に京都府南部で南山城水害が発生した。続いて９月下旬に台風13号が襲来し、丹波地方でも大きな被害をもたらした。

洪水が多発した亀岡

桂川は大河となり、収穫を終え、水田に干していた米は全て濁流にのみ込まれた。亀岡市保津町の古谷弘志さん(82)は府内で１００人以上が亡くなった水害の惨禍を忘れない。[1]

桂川右岸にある古谷さんの水田は水没し、左岸の自宅は床上浸水した。古谷さんは「当時は毎年のように水害があり、泥のついた米を収穫した時もあった。粘りがなく出荷できず、家で食べたり、牛に食わせたりした」と振り返る。水害で家のかまどは使えなくなり、自治会から、おにぎりが配られて難をしのいだ。水害は高台の保津ケ丘に集団移転するきっかけになった。

桂川は保津峡周辺の川幅が狭く、古来、亀岡盆地には水が逆流して洪水被害が多発してきた。古谷さんは亀岡市桂川改修促進期成同盟の委員長を務め、河川改修を要望してきた。「水害を何とかしたいと闘ってきて、南丹市の日吉ダムが完成してから大きな被害は減った」と語る。

上流と下流で争いも

古谷さんの水田近くの堤防は周囲より低くした霞堤《かすみてい》で増水時には水田に水が流れ込む。２０１

3年の台風18号時も米の収穫は終えていたが冠水した。「下流のため、洪水調整の役割も果たしてきた」と指摘する。

桂川は水害をもたらす一方で、水田に恵みを与えてきた。川の水を農業用水に引き入れる井堰《いせき》が設置され、亀岡市史によると、江戸時代には15カ所以上の井堰が造られた。中でも亀岡市と南丹市八木町の境にあった寅天堰は江戸時代、干ばつの際、上流の村が下流に水を流さず、争いになった記録が残っている。下流の村が井堰によって洪水の被害にあったと撤去を求める争いも起こった。

亀岡市河原林町の日吉神社の境内に「七つ石」と呼ばれる石が置かれている。「河原林の歴史」によると、河原尻村が井堰を使って桂川から引き入れた水路にその石を置き、石を越える水を隣の馬路村に分け与えていて、馬路村の人はこっそりと石を動かし、トラブルにもなったと伝えられる。［2］

七つの井堰を統合

水争いに終止符を打ったのも水害だった。1959（昭和34）年8月に台風7号、9月には伊勢湾台風が丹波地域を連続して襲い、木造の寅天堰や馬路堰、牡丹餅《ぼたもち》堰など亀岡市内の七つの堰が大きな被害を受けた。復旧と合わせて最上流の寅天堰周辺に七つの井堰を統合する計画が持ち上がり、63年に両岸に取水口のあるコンクリート造りの上桂川統合堰が完成。統合堰は亀岡市の約530ヘクタールをかんがいする。［3］

2018年7月上旬の西日本豪雨の後、雨の降らない日が続いたが、統合堰の管理操作に携わる八木利夫さん(73)＝亀岡市千代川町川関＝は「水が足らなくて大変な状態にはなっていない。水田に水は欠かせず、川の恵みに感謝している」と語る。

桂川は穀倉地帯の亀岡の水田を支え、水田は米と治水の恵みを住民に与え続けている。

2 | 1
3

1　1953年の水害で被害にあった水田を示す古谷さん（亀岡市保津町）
2　日吉神社の境内に置かれた、水争いにまつわる七つ石（亀岡市河原林町河原尻）
3　亀岡市内の水田を潤す上桂川統合堰。桂川の水をせき止め、農業用水路に流す（南丹市八木町）

集積化　０　直売・技術活用に活路

黄金色のじゅうたんのように広がる稲穂。端から大型のコンバインがスピーディーに刈っていく。南丹市の公益財団法人「園部町農業公社」は2018年8月28日、同市園部町新堂の水田で今季初の稲刈りに臨んだ。職員4人がトランシーバーで連絡を取り、2台のコンバインで刈った米を軽トラックに乗せて乾燥機へと運んでいく。コンバインを操縦する職員内藤正仁さん(34)は「車内はエアコンが効く。農業はしんどいというイメージは機械が良くなって変わった」。【1】

農家の収入を支える

公社は農地を守ろうと1996年に発足した。園部町の9ヘクタールで米をつくり、15ヘクタールで田植えや収穫の作業をする。農家の高齢化で受託する農地は増え続けている。

米は運営する同町曽我谷の道の駅「京都新光悦村」で「温心米」として消費者に直売するほか、町内の学校給食や高齢者施設に出している。町内の農家と契約栽培して、農協の価格よりも高く買い取り、米の検査までを行う。

丹波地方のキヌヒカリが日本穀物検定協会の食味ランキングで2016、17年産米が「特A」評価を受けた追い風もあり、京阪神を中心に約3千人の顧客がある。18年夏はお米を使ったアイスも発売し、もち米は餅やおかきに加工して好評だった。佐々谷吉美事務局長(77)は「販売を人任せにしては経営が成り立たない。農家の収入を支えていきたい」と強調する。

1経営体の水田増加

公社は相談室も開設しており、「夫が亡くなり、後継者がいない」「機械が傷み、収穫できない」

といった相談が相次ぐ。佐々谷事務局長は「条件の良い田は地元の集落営農や就農者に頼む。獣害の多い山際や土手の草刈りが大変な農地を、公社が請け負っている」と説明する。

府によると、府内の1経営体の水田面積は15年が92アールで15年前と比べて39アール増。丹波2市1町では農業法人や認定農業者など担い手への集積は1084ヘクタール（18年3月末）で集積率は4年前より4ポイント増の15％に達した。

新技術で農地カバー

亀岡市保津町の農事組合法人「ほづ」は36ヘクタールの広大な水田でヒノヒカリやコシヒカリ、ミツヒカリ、養鶏に使う飼料米など6種類の稲を栽培する。

桂川の両岸に広がる水田は8月下旬、成長度合いが違うため、黄や緑の美しいグラデーションを見せていた。代表理事の酒井省五さん(77)は「雨や霧で刈り取りができない時がある。面積が広いので作業効率から収穫期の違う品種にしている」と話す。[2]

保津町は桂川が氾濫する水害常襲地で経営は不安定だといい、人件費を掛けずに農地を守る取り組みを試行している。薬剤散布に小型無人機「ドローン」を活用し、衛星利用測位システム（GPS）を備えた田植え機で操作の熟練度の差を無くそうと試みる。

酒井さんは「技術でカバーしないと農地を次世代に引き継げない。本当は集積化せずに各農家が管理したほうが、草刈りもコストを気にしなくて済む。本来なら農地にはいいんでしょうが…」と表情を曇らせた。

集積する農地は必ずしもバラ色の未来を意味しない。直売や最新技術を生かして高齢化の難局を乗り切る試行錯誤が続く。

1

2

1　コンバインでコシヒカリを収穫する園部町農業公社の職員たち（南丹市園部町新堂）

2　農事組合法人「ほづ」が手がける水田周辺。さまざまな品種のイネが育ち、成長の度合いによって色合いが異なる（亀岡市保津町）

酒米〇 京都ブランド発信 一層磨き

大きくて白い米粒は清らかな日本酒へと生まれ変わる。8月下旬に収穫した酒米・五百万石が神々しい。栽培農家の井上益孝さん(69)＝京丹波町富田＝は「削って酒を作るので、粒は大きくそろっていないとね」と自慢の米を紹介する。中心の白い部分は「心白《しんぱく》」と呼ばれ、デンプン質でやわらかい。酒は蒸した米に麹菌《こうじ》を混ぜる麹作りから始まる。心白が多いと菌糸が内部に入りやすい。米ぬかは雑味の原因となるため取り除く。4割以上を削って仕上げた酒を吟醸と呼ぶ。[1]

「うま味」のある酒を

栽培には苦労が絶えない。他の品種に比べて穂が出るのが早く、水田はスズメの大群に狙われやすい。爆音が出る機器を置いて追い払い、ようやく収穫にたどり着ける。

井上さんは2014年から酒米の栽培を続ける。出荷先は同町本庄の酒造会社「長老」だ。杜氏《とうじ》で社長の寺井渉さん(49)から「地元産米で酒造りをしたい」と依頼を受けたのがきっかけだった。長老は府酒造組合連合会から酒米を仕入れている。しかし、府内産よりも、さらに詳細な産地指定が困難だったという。長老は井上さんの米で仕込んだ「オール京丹波」の純米吟醸酒を「丹《たん》」と名付けて発売している。寺井さんは「酒造りに使う地下水に合うのは地元の米。海外への輸出を、と良く言われるが、うま味があって地元の人が飲む酒を造っている」と語り、販売を同町周辺に限って地産地消を目指す。[2]

「祝」生産量伸ばす

五百万石は酒造好適米の中で、山田錦に続いて全国2位の生産量を誇る。京都では府が開発した品種「祝《いわい》」が生産量を伸ばし、２０１７年度は玄米で４５３トンにのぼる。

祝は紆余《うよ》曲折を経た品種だ。１９３３（昭和８）年に府立農事試験場丹後分場（現在の府丹後農業研究所）で誕生したが、戦中・戦後の食糧難によって食用米の栽培が優先されてきた。祝の生産は低迷を続け、草丈が高く倒れやすいため、機械化に適さず、74年に栽培が途絶えてしまう。

80年代後半のバブル期に「淡麗」「フルーティー」などと称される吟醸酒の志向が高まってくると、京都市の伏見酒造組合から「京都の米で独自の酒を」との声が上がるようになった。府が倒れにくい個体を選抜し、92年に栽培が復活した。

振興プロジェクト発足

南丹市日吉町志和賀の米農家吉田直一さん(81)の水田には周囲のコシヒカリの収穫が終わる中、祝がすくすくと育っていた。10月の収穫を待つ。吉田さんは「単価は高いが、収量が少ない。それが難点。誰でもうまく作れる品種ではない。大きい穂が出るので見栄えが良く、心白がどうしたら多く出るのか、思案するおもしろさがある」と説明する。

府とＪＡ、酒造業界は振興プロジェクトを立ち上げ、京都に栽培を限定して祝の生産拡大に取り組んできた。伏見区の大手酒造会社の黄桜や月桂冠も祝を使用した酒を手がけている。

京都市右京区京北周山町の羽田酒造は、酒蔵横で従業員が祝を育てている。栽培を通じて酒米を大切に扱う心を養うという。祝の６割を削る大吟醸「蒼光《そうこう》」は１・８リットルで1万円の高級酒だ。担当者は「心白が大きい祝を限界まで磨いて作ったお酒。甘みの中にも華やかな吟醸香が広がる。京都の酒として販売する上で、祝は大きなアピールになる」と語る。[3]

復活した祝や丹波の酒米は、京都ブランドの内外への発信に一層の磨きをかける。

1　収穫した大粒の五百万石を見る井上さん（京丹波町富田）

2　京丹波町産の酒米で造った酒を酒蔵で紹介する寺井さん（同町本庄・酒造会社長老）

3　酒蔵横で育つ酒米・祝の出来を確かめる羽田酒造の社員たち（京都市右京区京北周山町）

収穫体験⑥　都市交流生む　食の原風景

まるで昔話に出てくる日本の原風景。かやぶきの古民家の前で稲穂を稲木に掛けていく。南丹市美山町豊郷の小林直人さん(77)宅の稲刈りを、２０１８年9月18日に記者が体験した。近くには由良川の源流域の清流が流れ、山の空気がすがすがしい。[1]

稲穂の重みに幸福感

次女の菊地由紀さん(37)が稲刈り機「バインダー」でイネを一筋ずつ刈ると、機械が自動で次々と束にしてくれる。稲木を設置するスペースが確保できたら小林さんと一緒に稲木を運んだ。

稲木は約6メートルの棒と鉄の三脚を組み合わせてロープで固定。４段でイネが干せる仕組みができあがった。「昔は10段でつくるのが主流だった。稲木に掛ける農家も少なくなった」と振り返る。束のイネはV字型に分けて掛ける。豊かに実った稲穂の重みに幸福感を味わう瞬間だった。

米は命をつなぐ主食

天日干しは2週間ほど続く。台風で稲木が倒れて土が付くと、発芽する可能性もあってリスクが伴う。

それでも小林さんは「天日干しの米は全然味が違ってうまい」。収穫後のわらは刻んで田んぼに戻し、翌年の土の養分にする。20アールの田で家族5人の1年分の米をおおむねまかなう。小林さんは「米は自分の命をつなぐために食べる主食。普通に育ててたらええんですよ」と、満足そうに稲木を見つめた。心地よい疲労感の中で、食の生産現場や自然に寄り添う暮らしを体感した。

米の収穫体験は丹波地域の各地で行われ、進化している。元南丹市地域おこし協力隊員の松田章宏さん(32)は「伏見×美山お米部」を18年から立ち上げた。京都市伏見区の伏見大手筋商店街の活性化拠点「フシミ大学」と協力して参加者を募り、南丹市美山町和泉で農薬を使わない米作りを始めた。[2]

狙いは仕事や観光以外で美山に関わる人を増やすこと。伏見区で卵かけご飯やカレーライスの研究イベント、米ぬかを使ったせっけん作りを楽しむ。美山町では田植えや収穫はもちろん、集落の溝の掃除や草取りも行う。大学生やカフェ経営者、商店主らが参加した。

自身が猫好きなことから着想し、猫愛好家をターゲットにしたパッケージデザインを募集するブランド戦略も練った。松田さんは「みんな生き生きと農作業を楽しんでくれる。お米は切り口が多様でいろんな人が集まる。今度は伏見の酒を踏まえて酒米を作るのも面白い」とアイデアを膨らませる。

アートで観光振興

古代米を使って模様を描き、収穫を体験する「田んぼアート」も地道に続く。京丹波町曽根の府立丹波自然運動公園は「古里に帰る」の意味を込めたカエルを近くの水田に浮かび上がらせる。京丹波町下山の住民団体「白土村つくり会」は、サッカーの京都サンガFCを応援する図柄のアートを展開。ファンと住民が稲刈りをする交流を続ける。

発祥の地とされる青森県田舎館村では「ウルトラマン」や「大黒様」の精巧な田んぼアートに年間約20万人以上の観光客が訪れる。18年は「ローマの休日」がテーマだ。同村企画観光課は「村の基幹産業の米を後世に伝えようと始めた。観光だけでなく、米がどういう過程でできあがるのか知ってほしい」。[3]

水田は食の原風景を教え、都市との絆を育む。

1
3 2

1　自宅前で収穫したコシヒカリを稲木に掛ける小林さん親子（南丹市美山町豊郷）
2　伏見×美山お米部で育てた水田で活動について語る松田さん（南丹市美山町和泉）
3　「ローマの休日」をテーマにした図柄が浮かび上がる田んぼアート（青森県田舎館村）＝同村提供

なれずし⓾　小浜—美山—京　交流の証し

口に含むと、独特の発酵臭の後に酸味やチーズのような風味が広がる。普段食べているサバや米とは違う芳醇《ほうじゅん》さ。南丹市美山町三埜の小崎フサエさん(71)が漬けたサバのなれずしだ。「初めは勇気はいるけど、一度食べるとやみつきになる」と小崎さん。【1・2】

小崎さんがなれずしを漬けたのは9月下旬。福井県小浜市から取り寄せた塩をして骨抜きした20匹に、身に沿うように、丸めたご飯を詰めていく。近くで採ったササを敷き、樽にサバを詰め、隙間はご飯やササで埋める。重しをのせて10日間ほど待つ。神社の秋祭りに合わせて取り出し、知人に配って家族で食べた。小崎さんは「うまくいくか、毎年わくわくする」。山に囲まれた美山町。「子どもの頃は、締めさばを刺し身だと思っていた」と笑い、往時の魚の貴重さを懐かしむ。

「すし」ルーツの保存食

なれずしは塩をした魚介類をご飯で漬けて乳酸発酵させた保存食で「すし」のルーツとされる。「魚醬《ぎょしょう》とナレズシの研究」(石毛直道、ケネス・ラドル著)によると、奈良時代の平城京の出土木簡や平安時代の延喜式に、フナやアユ、アワビ、タイ、サバなどのなれずしが都に献上されたとの記録が残る。古代・中世のすしは滋賀県伝統のふなずしのように長期間、ご飯に漬け込んで酸味が出てから、飯を除いた保存食だったと指摘する。

室町時代にご飯に酸味が出るか出ないかで米も食べる「生なれずし」が登場。乳酸発酵を待たずに酢を加えるようになり、今の形に近いにぎりずしは、19世紀前半の江戸で流行した。現代でいえばファストフードの感覚に近いとされる。

祭礼の日に味比べ

美山町では祭礼の日に、なれずしが食されてきた。10月に樫原地区の大原神社で営まれた、氏子がカラスの所作をする「からす田楽」はかつて、たくさんのなれずしを用意したことから「すし講」の異名を持つ。[3]

下地区は八幡宮の秋の祭礼で、各家庭がなれずしを持ち寄って味比べをする風習があり、商品化もした。地元の澤田利通さん(69)は「最近は漬ける人が少なくなったが家によって味が違った。わいわい食べると集落の絆も強まった」。２０１８年は味比べはしていないが祭礼の日になれずしを食した、という。

先人の探求心、後世に

隣の福井県若狭地方は古代から朝廷に海の幸を献上する「御食国《みけつくに》」の一つだ。海産物を京の都に届けるルートが美山町には複数走り、昭和に入って「鯖街道」と呼ばれるようになった。

起点の小浜市には美山町と異なるサバのなれずしが伝わる。約1年間、ぬか漬けしたサバの「へしこ」を塩抜きし、ご飯とこうじを詰めて20日間ほど漬け込む。どろどろの米は甘さが引き立ち、まろやかな酸味が楽しめる。製造する民宿経営森下佐彦さん(75)＝同市田烏＝は「荒天が続く冬の日本海側で魚を保存し、おいしく食べようとする、先人の食への探求心に感心する。体にいい発酵食品で後世に残していく」と強調する。[4]

日本各地のなれずしの展示がある「御食国若狭おばま食文化館」（小浜市）の中田典子館長は「小浜で一塩したサバは、京に着く頃にはいい塩加減になったとされ、祇園祭でサバずしを食べる文化が誕生した。途中の美山でも物々交換や文化、思想の交流があったのでしょう」。[5]

山里のサバのなれずしは、海と都の往来や悠久の食の来歴を物語る。

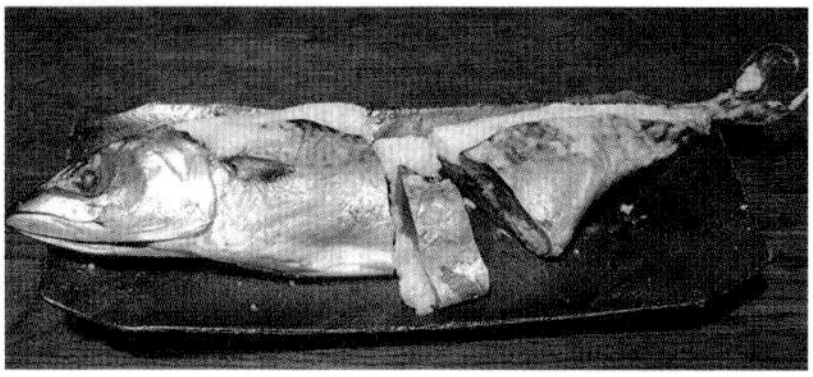

1　伝統食のサバのなれずしを仕込む小崎さん（南丹市美山町三埜）
2　小崎さんの作った美山町のサバのなれずし
3　すし講の異名を持つ、からす田楽（南丹市美山町樫原）
4　森下さんが作った小浜市のサバのなれずし
5　日本各地のなれずしの展示がある御食国若狭おばま食文化館（福井県小浜市）

味 ⑥ 流通自由化 問われる舌

木ぶたを開けると、羽釜から湯気が立ち上る。食欲をそそる香りとともに、つやつやと光る新米が現れた。亀岡市薭田野町の湯の花温泉にある旅館「すみや亀峰菴《きほうあん》」は昔ながらの「おくどさん」で地元産コシヒカリを炊いている。[1]

料理長細井久仁彦さん(52)は「羽釜で炊くとふっくらして、冷めてもおいしい。お客さんから砂糖が入っていますかと誤解を受けるほど、甘い。締めのご飯が、おいしくなければ料理が台無しになってしまう」と味へのこだわりを語る。

米の味を評価するポイントは何か。亀岡市余部町の府農林センターで、府が2021年の市場投入を目指して選抜中の新品種の食味試験を実施した。センターで栽培した5品種とコシヒカリを同じ条件の下、炊飯器で炊いて職員が味を食べ比べた。[2]

基準のコシヒカリと比べて、外観、香り、味、ねばり、硬さが良いか悪いかを7段階で判断し、総合的に評価した。試験官を務めた職員は、ご飯を真剣な表情で見つめ、香りや味を確かめた。

新品種について、加藤英幸所長は「コシヒカリと同等、もしくはそれ以上の評価が得られて安心した。味には口に含んだ時に鼻に抜ける甘い香りが大切」と話した。

農林水産省によると、米の消費量（1人1年あたり）はピーク時の1962年には118キロだったが、食生活の欧米化が進むに連れて落ち込み、2017年度は54キロと半分以下となった。消費量の挽回を目指し、府の新品種にとって、新たなライバルとなるブランド米が近年になって次々と登場している。

政府が一貫して管理

歴史を振り返ると、日本では政府が一貫して、米の生産から流通、価格に至るまで管理してきた。太平洋戦争中の１９４２（昭和17）年２月には東条内閣の下、米を供出させて配給する食糧管理法を制定。戦後もこの体制を維持してきた。

高度経済成長期には生産量は伸びる一方で消費量は減少。米は供給過剰となって、政府の買い入れ価格が販売価格を上回り、巨額の財政負担が生じた。69年から減反政策が実施され、生産者が数量限定で直接流通する自主流通米制度が始まった。

江戸時代から続く南丹市園部町の米屋「藤勝商店」の藤井勝也社長(71)は「生活が向上し、消費者が少々高くなっても、味を求める傾向が出てきた。味が落ちる古米が売れ残らないように、新米が年明けまで入ってこない時期もあった」と語る。［3］

凶作で平成の米騒動

自主流通米が年々増加する中、93年産米をめぐって「平成の米騒動」が起こる。冷害による凶作で店頭から一時、米が消えた。政府はタイ産などの米を輸入し、国産米と混ぜたブレンドやセット販売で対応したが味が消費者に不評。長粒のタイ米は売れ残って、大きな混乱を招いた。

95年に食管法が廃止され、自主流通米を中心とする食糧法が新たに制定された。販売も許可制から登録制に緩和され、２００４年改正から届け出制となり、流通が自由化した。スーパーが台頭する中、藤井さんは登録制の顧客に玄米30キロ単位で販売する手法で生き残ってきた。

「お勧め」を聞くと、コシヒカリとキヌヒカリのブレンドを挙げた。「平成の米騒動の際、ブレンド米は悪いイメージがついたが、大きさの異なる米が混じっていると実は食べやすい」と言う。

炊き方、新品種、ブレンド…。自由化で選択肢は広がり、消費者自身の舌が一層問われている。

1　2
　 3

1　おくどさんで炊きあがった新米を混ぜる細井料理長（亀岡市稗田野町・すみや亀峰菴）

2　新品種の米の食味試験をする府農林センター職員ら（亀岡市余部町）

3　精米された丹波産の新米を見つめる藤井さん（南丹市園部町）

特産の餅 ❍ 山村の営み刻み、脈々と

舌がピリピリとしびれるほどのあくがあるトチの実。蒸したもち米と一緒につくと、茶色いとち餅に仕上がっていく。口に入れると、ほどよい苦みと香ばしい風味が広がった。

南丹市美山町高野の栃原区の住民でつくる「栃の里グループ」の加工場で2018年11月上旬、あんこ入りのとち餅を女性たちが手際よく丸めていた。特産品として販売し、観光客に人気を集めている。［1］

米とトチを食べる

トチの実は9月に自生する奥山で採取した後、約1カ月間にわたって天日干しで乾燥させる保存食だ。加工部長の小畑恵子さん(64)は「昔は必要な時に水で戻して使い、実を拾うのも女性の仕事だった。あらかじめ解禁日を決めておき、一斉に取りに行った」と説明する。実は専用の道具で押しつぶして殻を割り、水に漬けた後、落葉樹の灰と熱湯を混ぜてあく抜きする。

地元では、正月を迎えると、白い餅と一緒にとち餅を食べる風習が受け継がれてきた。事務局の小畑学さん(60)は「トチの実を入れ、貴重なもち米の量を減らした。そんな生活の知恵から生まれたのだろう。村の長寿の秘訣《ひけつ》になっている」と誇る。民俗学者野本寛一さんの著書「栃と餅」によると、トチの食文化は縄文時代を起源とし、近代まで主食の一つに数える地域があった。トチの粉をご飯やかゆに入れて食べる風習が全国各地に残った。生活様式が変化して米が行きわたるようになると、日常食としてのトチは忘れ去られていった、と指摘する。

京北地域では納豆餅

郷土に残る餅はとち餅だけではない。京都市右京区の京北地域では、納豆餅を特産として売り出している。南北朝時代の1362年、常照皇寺（京北井戸町）を開山した光厳法皇が納豆を広

めたという伝承がある。その名残なのか、正月に雑煮ではなく、納豆餅を食べる風習が残る。

京北大野町の表具師河原林成吏さん(76)は伝統の味を継承している。塩でねった納豆を用意し、いろりで10センチほどの餅をこんがりと焼く。きな粉をひいた木皿にのせ、しゃもじで焦げ目を中に入れ込みながら、円盤状に広げていく。その上に納豆をのせて半月型に包む。好みで黒砂糖も入れる。「正月には女性を休ませる意味から、男性が納豆餅を焼いた。子どもの頃は顔よりも大きい餅を食べた」と河原林さん。[2]

弁当代わりに持参

さすがに巨大サイズの納豆餅は売れない。地元の山国自治会が出資する「山国さきがけセンター」(京都市右京区京北塔町)では、小さなサイズにして商品化している。仲上泰夫専務(70)は「京北は林業が盛んだった。かつては桂川に筏《いかだ》を組んで材木を流す船頭が納豆餅を食べていた。父親も山仕事の際に弁当代わりに納豆餅を持って行った」と語る。[3]

納豆餅の聞き取り調査を行った郷土史家湊友三郎さん(70)＝京丹波町＝によると、その食文化は南丹市日吉町、美山町、八木町神吉、京都市左京区広河原や大原、鞍馬にも広がる。湊さんは「山の仕事と関連して、山国地域を中心に円状に分布している」と説明する。

納豆から作る人もいる。日吉町の牧山地区の田中文代さん(81)は毎年、わらを束ねた「つと」に炊いた大豆を詰め、湯たんぽと一緒に布団を掛けて3～5日間、発酵させる。12月に入れば納豆を仕込む予定だ。田中さんは「昔はもみ殻で納豆を発酵させた。作る人が減ったが、正月には欠かせません」。

伝統の餅はかつての山村の営みを刻み、脈々と続く。

3 | 1
4 | 2

1　伝統のとち餅をつくる栃原区の女性たち（南丹市美山町高野）
2　いろりで焼いた餅をしゃもじでひろげて納豆餅をつくる河原林さん（京都市右京区京北大野町）
3　山国さきがけセンターが販売する小さい納豆餅
4　とち餅の原料となる実

風習 ◯ 崇敬し 願いとともに食す

天皇陛下（現上皇）が平成最後の新嘗祭《にいなめさい》に皇居で臨まれた2018年11月23日。五穀豊穣《ほうじょう》に感謝する祭りは南丹市日吉町の志波加神社でも営まれた。［1］

氏子がこの年収穫した玄米に酒、餅、野菜、果物などを載せた三方《さんぽう》をリレーして神前に次々と運び、宮司が供えた。のりと奏上の後、参列者は、お神酒で乾杯して儀式は終了した。吉田重光宮司(71)は「お供えの中で日本人の主食の米が一番大切」と語る。

1粒から無数の米粒

米は1粒の種もみから無数の米粒を実らせる。日本人は米に畏敬の念を感じ、さまざまな願いを込めた風習を残してきた。

田園風景が広がる亀岡市吉川町の蛭子《えびす》神社。11月20日の例祭では小さな社の参道に屋台が出店し、にぎわっていた。参拝者に地元の白米を紙で包んで青竹で封をし、「御洗米」を授けるという風習が残る。神社を管理する近くの楠弘樹さん(46)は「次の日の朝、ご飯を炊く時に入れて食べると、家内安全や商売繁盛につながる」と説明する。［2］

「福の神　舞い込め」

子どもたちが参加する風習でも米は欠かせない。

「亥《い》の子のぼた餅祝いましょう　一つや二つじゃ足りません　おひつにいっぱい祝いましょう」というフレーズを唱えながら、子どもたちが、民家の玄関前で稲わらの棒で地面をたたく。出迎えた家人がお金を渡す。［3］

「福の神　舞い込め　舞い込め　もうひとつ舞い込め！」と、もう一度、棒でたたく。

11月15日夜に亀岡市畑野町土ケ畑地区で開かれた伝統行事「亥の子」の一場面だ。地区の2～6歳の男児4人が参加し、親が付き添って集落の家々を回った。孫が参加した今西聡さん(66)は「昔は女の子は参加できず、中学生が仕切って子どもだけで回った。棒がつぶれたら屋根に投げた。家で昔はぜいたく品だった小豆をふんだんに使ったぼた餅を食べた。農作業も一段落した時期に豊作を祝った」と語り、この年も自家製ぼた餅を作った。

亥の子餅を宮中に献上

農学者である渡部忠世京都大名誉教授らが執筆した研究書「もち」によると、中国で旧暦10月の亥の日に餅を食べると無病息災が得られるとされ、それに習い、日本では平安期から宮中で亥の子餅を食べるようになった。この頃は大豆、小豆、ゴマ、クリなどの7種の粉を混ぜて猪子型に切った餅だったという。

大阪府豊能町には明治時代まで、亥の子餅を作り、亀岡市を通って宮中に献上したとの記録が残る。餅は町内の13家が作り、京都に向かう一行は、江戸時代、参勤交代の列を追い越すことが特別に許されていたと、当時の札に記されている。亥の子餅は、蒸したもち米と煮た小豆を樽に入れて棒でこねる。丸めずに折り箱に敷きつめ、小豆のあんを載せる。クリ6個とササの葉を飾り付ける。

約1600年前に地元のイノシシが応神天皇を助けたのをきっかけに献上が始まったとの伝承もある。同町郷土史研究会の上山秀雄副会長(71)は「小豆はイノシシの肉を、クリはあばら骨、ササは牙を表す。地域の天皇家とのつながりを示す誇りの餅で伝えていきたい」と話し、町内では再現試食会も開かれている。[4]

米はさまざまな形で崇敬され、願いとともに食されてきた。

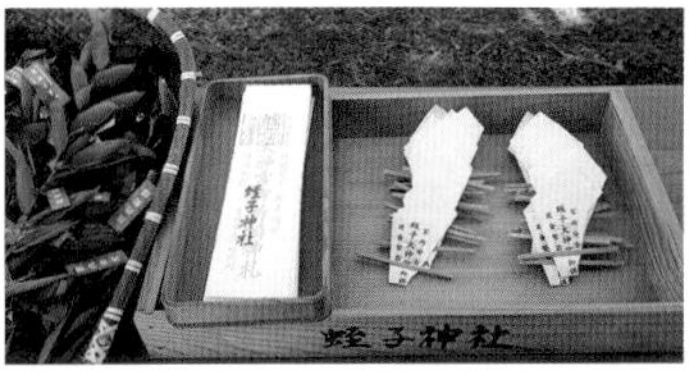

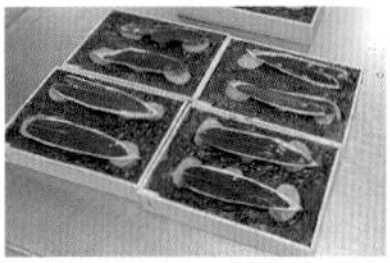

2 | 4 | 1 | 3

1　志波加神社の新嘗祭で神前に玄米を供える宮司ら（南丹市日吉町）

2　例祭で用意された蛭子神社の御洗米（亀岡市吉川町）

3　亥の子行事で稲わらで作った棒をもって家々を回る子どもら（亀岡市畑野町土ケ畑）

4　復元された豊能町の亥の子餅＝同町教育委員会提供

麹　発酵の源　再び宿る命

米粒に再び、命が宿った。２０１８年11月下旬に亀岡市余部町のガレリアかめおかで、抱き麹《こうじ》のワークショップが開かれた。蒸した玄米を大きな布にのせ、微生物の麹カビがついた種麹を振りかけて揺すっていきわたらせる。米を袋に小分けしてタオルに包み、参加者がおなかに巻いて体で温め、持ち帰った。麹カビが米のデンプン質を糖分に変え、甘い香りとともに米粒が発熱する。２日ほどで、酒やみそ作りの発酵に欠かせない麹ができあがった。【1】

大震災きっかけに

「かめおか霧の芸術祭」のイベントの一環で、発酵案内人の星野潤さん(36)＝京都市右京区京北周山町＝が講師を務めた。

星野さんが発酵に興味を持つきっかけは２０１１年３月の東日本大震災。東京電力福島第１原発事故による食品への放射能汚染が問題となり、大規模な計画停電が起こった。

東京の飲食店で働いていた星野さんは「自分たちの手で食べ物を作ろう」と思い立ち、常温で保存可能で、都会でもできるみそを仕込み、翌年からワークショップを始めた。依頼は増えて必要な麹も作るようになった。星野さんは「麹カビはもともと水田にいる。抱き麹は生き物を育てているイメージで、発酵食品をよりいとおしく感じてもらえる」と説明する。

米飯のカビで醸す

古来、日本では麹を使ってさまざまな発酵食品を醸してきた。発酵学者小泉武夫氏の著書「発酵」によると、奈良時代編さんの播磨国風土記には「神社の神様に供えた米飯が古くなってカビが生えたのでそれで酒を醸した」との記述がある。先人はカビの効用に早くから気づいていた。平安時代には、酒、しょうゆ、酢、みそが流通し始めたという。

南丹市八木町には明治時代から続く「福嶋こうじや」がある。福嶋重樹さん(56)、夏子さん(51)夫妻が切り盛りする店には麹を作る専用の室があり、白くもこもことした米麹が木製の容器に入れられて並ぶ。近隣だけでなく、京阪神や滋賀県からも客が訪れるといい、2人は「2月の初午《はつうま》にみそを仕込むとおいしくなると言われる。その時期はかなり忙しい。1年に1回しか会わないお客さんもいるが、おいしくできたと言われると、うれしい」と語る。［2］

近年は高齢者だけではなく、幅広い世代が麹を買い求める。11年ごろから魚や肉、野菜にも使える万能調味料として塩麹がブームとなり、麹を買い求める人が一気に増えた。子どもに飲ませる甘酒を作る子育て世代や自然食に関心のある人も福嶋夫妻の店を訪れている。

白みそ作りの教室

麹を使った料理教室も開かれている。八木町の情報発信施設「わざどころＰＯＮ」では12月上旬、白みそ作りの教室があり、女性たちが福嶋さんの麹と大豆をフードプロセッサーにかけて、みそを仕込んだ。白みそや甘酒を使った野菜のポタージュやスイーツなども出された。［3］

講師で八木町出身の友松ゆいさん(29)＝長岡京市＝は会社の仕事が忙しく体調を崩した際、料理教室に通った。自分で発酵させた調味料を使うようになって体と心が楽になった。友松さんは「発酵食品は消化吸収がよく、さまざまな栄養素が含まれて病気の予防になる。体の内側から笑顔を引き出せる。そんな発酵食を伝えたい」と笑顔で話した。

微生物が生み出す麹は世代を超えて現代の暮らしに広がっていく。

2 | 3 | 1

1　星野さん（左）の指導で玄米から麹を作る参加者たち（亀岡市余部町・ガレリアかめおか）
2　製品の麹を見せる福嶋さん夫妻（南丹市八木町）
3　麹を使った白みそ作りを教える友松さん（左）＝南丹市八木町

わら⓪ 新年 年神を家に迎え入れ

新たな1年の幸福をもたらす年神を家に迎え入れる上で、わらは欠かせない。

亀岡市千歳町の農業杉﨑清彦さん(75)宅では、玄米の入った一斗枡に雌松を2本挿し、細長いしめ縄を巻いた「歳徳《としとく》さん」を飾る。歳徳さんは「年神さんが宿る場所」だ。[1]

その前に白米を山状に盛り、ミカンや柿、昆布、栗を載せた「蓬萊《ほうらい》」と、二段の鏡餅を供える。家の敷地には「牛蒡《ごぼう》」の形のしめ縄付きの門松を立てる。正月飾りは年神の道しるべとなる。[2]

しめ縄は、柔らかくて長いという、自ら育てたもち米のわらを使い、年末に作る。杉﨑さんが子どもの頃、「歳徳さん」の一斗枡はわらの米俵を使っていたという。

元旦には、家族そろって「歳徳さん」に手を合わせ、その後で白みその雑煮を食べる。イモや大根などの具材は輪切りにして「丸くおさまる」と縁起を担ぐ。

杉﨑さんは「ゆく年の家族や農作物の平穏無事に感謝し、来る年の五穀豊穣《ほうじょう》と無病息災を願う。華やいだ正月飾りをすると、気持ちも次のステップにいきやすい」と語る。

生活に不可欠な素材

わらは米の副産物だ。かつて年中行事だけではなく、日常生活に不可欠な素材の一つだった。頭に編みがさ、体にみのを着て、足に草履をはいた。炊きたてのご飯を冷まさない容器や鍋敷きにも重宝され、むしろは、穀物の乾燥に使われた。馬や人を模したわら細工は子どもの遊び道具だった。

老舗料亭や神社のしめ縄を作る南丹市美山町豊郷の岡本勝さん(90)は、学校に通うため、わらで草履を作り、家業の炭焼きで炭を運ぶ俵も編んだ。ロープやほうきもこしらえた。岡本さんは

「12月から春までは家でわら仕事ばかり手伝わされた。強くて複雑な形を編める素材はわらしか無く、何でもわらと木、竹で作った。戦後になって、ビニールや化学製品の登場で廃れた」と振り返る。［3］

人びとの絆も育む

わらは集落の絆も育んできた。南丹市日吉町四ツ谷の中島進さん(75)は夫婦一緒になって「めがね」や「えび」など、8種類のしめ縄を毎年作って知人や近隣住民に配る。技は中学生の頃から近所の人に教えてもらったといい、「神様の通るものやから、柔らかくするために木槌でたたいたらいかんといわれ、今でも硬いままで編んでいる」と話す。［4］

1月15日ごろには各地で、正月飾りを燃やす「とんど焼き」が開かれる。中島さんは「子どもが集まり、餅を焼いたり、書き初めを燃やしたりしてかつては交流の場だった。わらを天日干しする家が無くなりつつあり、わらを手に入れるのも難しくなってきている」と嘆く。

日本人が忘れたもの

「藁《わら》の文化」研究会を主宰する宮崎清・千葉大名誉教授（意匠史論）は「使い古されたわら製品やその灰は、水田の堆肥や土壁に利用された」と指摘した上で、「わら製品は使う人のことを考えた結果、生まれた、美しい民衆の造形物。大切に補修されて使い続けられた後、土に返す。プラスチックとは違い、腐ることで新しい命を育む。先人たちは自然循環型の暮らしを当たり前のようにやっていた。高度経済成長期の工業化によって、日本人が忘れたものが、そこにある」と語った。

熟練の手仕事を再認識し、継承する取り組みが求められている。

2	1
4	3

1　蓬莱や鏡餅を供えた「歳徳さん」に手を合わせる杉﨑さん（亀岡市千歳町）
2　杉﨑さん宅に飾られたしめ縄のついた門松
3　慣れた手つきでしめ縄をつくる岡本さん（南丹市美山町）
4　中島さんが作ったさまざまなしめ縄（南丹市日吉町）

占い　綱引き、粥　祈りの原型？

老若男女約50人が鳥居付近を境に南北に分かれ、綱引きの熱戦を繰り広げた。2019年1月13日夕、南丹市八木町日置の大送神社の光景だ。南側の住民が勝つと「米が豊作」、北側が勝つと「麦が豊作」と伝えられ、綱引きが7回行われた。4回を制した「麦」チームに軍配が上がった。［1・2］

武者の大蛇退治に由来

飛鳥時代の推古天皇の時に、村を荒らした大蛇を、武者が退治した伝承に由来する神事だ。綱は13・5メートルあり、大蛇の頭がつく。綱引きの前に、裃《かみしも》姿の当番の住民が大蛇の目を表す的を、とぐろをまいた状態に仕立てた綱の前に置き、3回弓矢を放つ。当番の住民は綱引きの行司役も務める。総代長の浅田耕司さん(65)は「今は市販の綱を使っているが、数年前までは住民がわらで作っていた。米が勝つことが多かった」と振り返る。

穀物の豊作を祈る綱引きは日本だけではない。アジアの稲作地帯をはじめ、穀物を栽培するヨーロッパにも点在し、イヌイットやアイヌも天候占いや儀式に行う。カンボジアやフィリピン、韓国、ベトナムの綱引き行事は15年、国連教育科学文化機関（ユネスコ）の無形文化遺産に登録された。

小正月や節分に行う

米の豊凶はほかの手段でも占われる。709年に創建されたと伝わる亀岡市千歳町の出雲大神宮では1月15日、恒例の粥占《よねうら》祭が営まれた。［3］

14日夜に火をおこし、かまどで小豆の入った粥《かゆ》を炊く。粥の中に3本の細い竹筒を沈めて中に入った小豆と米の割合で、早生《わせ》、中稲、晩稲の3種類の作柄を占う。米が多く詰まっていたほうが作柄が良く、米の色が赤すぎると、日照りになるという。

岩田昌憲宮司(64)が「今年は中稲が豊作のよう。気象レーダーのなかった時代に神様の占いは大いに役立った」と語る。

綱引きや粥占は天候や豊凶を占う「年占《としうら》」と呼ばれる。全国各地で主に小正月や節分に行われ、豆や餅を焼く方法もある。丹波地方の綾部市の神社ではミョウガやタケノコの育ち具合を調べる神事が2月に営まれる。九州北部では、粥を放置して、生えたカビで占う事例もあり、さまざまなバリエーションがある。

サカキでたたく

占いのように呪術的な豊作祈願もある。南丹市園部町半田の大森神社では1月27日、「年振り」と呼ばれる祈年祭が営まれた。神社の拝殿で氏子約20人がサカキを持って集まり、「ワー、ワー」と言いながら、サカキで床を「ドンドン」と激しくたたいた。神職が各人のサカキに米をまいて回った。神事の後、サカキはお札を付けて持ち帰り、水田に挿し、米を周囲にまく。[4]

総代長の小林義雄さん(70)は「苗がきれいに育つように、との願いを込めます。豊作であってほしい」と語る。

南丹市立文化博物館学芸員の井尻智道さん(48)は「眠っている大地に春をよみがえらせる呪術的宗儀。サカキはヨメタタキ棒やハラメ棒と呼ばれており、自然の生産を模倣することで大地が豊作になってほしいとの願いを込めた」と説明する。

豊凶占いや年振りはいつから行われていたか、分からない。古代の祈りの形なのかもしれない。

	1	
4	3	2

1　米か、麦のどちらが豊作かをかけて行われた綱引き神事（南丹市八木町日置・大送神社）
2　大送神社では綱引きに先立って、的に弓矢が放たれた
3　小豆と米の割合などで豊作を予想する粥占い（亀岡市千歳町・出雲大神宮）
4　ワーと言いながらサカキで床をたたく氏子ら。神職が米をまいて回った
（南丹市園部町半田・大森神社）

日本酒 ◯ 豊かな美山の自然が醸す

蒸した米に種麹《こうじ》を振りかけて手でもみほぐす。保温された部屋で蔵人たちが酒造りに欠かせない麹作りに追われていた。南丹市美山町南の大石酒造・美山蔵は２０１４年から酒造りを始めた。［1］

米麹と蒸し米、仕込み水だけの生酛《きもと》造りにこだわり、酒母に3段階に分けて、蒸し米と麹、水を加えて仕込む。タンクの中で発酵させて昼夜を問わず、細かな温度管理をする。麹作りから日本酒の完成までに40日以上かかる。

伝統製法を受け継ぐ

杜氏《とうじ》の倉垣時弘さん(79)は「先人が編み出した伝統製法を受け継いでいる。目に見えない微生物の扱い方を肌で覚えてきた。こくと切れのある日本酒本来の味に仕上がる」と誇らしく語った。

倉垣さんは兵庫県篠山市を中心とする「丹波杜氏」だ。丹波杜氏は江戸時代から神戸市の灘をはじめ、全国の酒蔵で指導的役割を担ってきた。倉垣さんも大手メーカー「菊正宗」（神戸市）で酒造りを経験する。毎年11月から翌春まで蔵に住み込み、酒造りが終われば篠山市で米や黒豆を育てる生活を続けてきた。近年は通年で働く酒造会社員が杜氏を務め、倉垣さんのような季節労働は希少になったという。

倉垣さんは美山での酒造りについて「寒冷な気候は酒造りに向いている。その上、使用する水は芦生の水。清流の色のように美しい原酒に仕上がる」という。

大石酒造は江戸時代の元禄年間創業、亀岡市薭田野町で長年、酒造りをしてきた。今は「かやぶきの里」近くに蔵を新造し、酒米の栽培も手掛ける。大石博司社長(78)は「海外で和食が人気になり、日本酒の需要も高まっている。海外からの観光客も多く美山のブランドは強みになる」と語る。東南アジアや中東に輸出しており、フランスに熟成酒を出荷する計画もある。[2]

どぶろく特区に認定

日本酒は明治時代に酒税制度が導入されて以来、無免許での製造が禁止されてきた。国税庁の資料によると、酒税収入は1902（明治35）年には租税収入の3割を占め、戦後も貴重な税源となってきた。2003年になって都市農村の交流を目的に国の構造改革特別区域の認定を受けた地域では、農家レストランや民宿を営む農業者が生産した米で濁り酒「どぶろく」を造る免許基準が緩和された。南丹市は13年に「どぶろく特区」になり、美山町の3事業者が生産している。

外国人観光客に好評

美山町自然文化村河鹿荘（同町中）は酒米「五百万石」でどぶろく「雪しづり」を製造する。雪のように白く濁った酒は、かやぶきの里を訪れる、台湾や香港などの外国人観光客にも好評だ。大型冷蔵庫で温度管理をして3月までは火入れをしない生酒も出す。[3]

担当する井上普弘さん(26)は「初めての人でも飲みやすい、ほんのり甘みのある、すっきりした飲み口にしたい」と語り、各地の日本酒を飲み比べて独学で味を探求する。

民宿「みやま」（同町長谷）はもち米を使った「たのし」を販売する。経営する武田英喜さん(50)は「米を飲むよりも食べる感覚。ボタン鍋ともよくあう。『蔵元』が増えればより楽しいまちになる」と思い描く。[4]

平成に入って始まった美山町での酒造り。自然豊かな風土で醸した酒が国内外の人々にのまれる日を心待ちにしている。

1
2 | 3 | 4

1　蒸し米を広げて麹をつくる倉垣さん（右）ら＝南丹市美山町南・大石酒造美山蔵
2　江戸時代に使われていた日本酒に関する道具を紹介する大石さん（亀岡市稗田野町）
3　河鹿荘が販売しているどぶろくの「雪しづり」（南丹市美山町中）
4　どぶろく「たのし」を紹介する武田さん（南丹市美山町長谷・民宿みやま）

米粉 ❍ アレルギーに配慮、ニーズ高まる

米粉の食パンをほおばると、もちもち、ふわふわした食感と米の甘みが広がる。作ったのは「森のコメパン」として活動する森香奈さん(33)＝南丹市園部町宍人＝。米粉パンをインターネットや出店で販売する。パンは小麦粉を使わず、米粉と酵母、砂糖、塩、菜種油、水で発酵後に焼き上げる。米粉は近隣農家が無農薬栽培する品種「ミズホチカラ」を使う。国立研究開発法人農業・食品産業技術総合研究機構が開発して2011年に登録した、米粉パンに適した品種だ。〔1〕

米の産地でパン作り

森さんは5年ほど前から独学でパン作りを始めた。3歳の娘が小麦アレルギーだったことも大きい。おいしいパンを食べさせようと、米粉100％で作る方法を探った。「小麦粉を使わないと、パンは十分に膨らまなかったり、硬くなったりする。失敗の連続だったが、未開の製法を試す楽しさがあった」と振り返る。自らがたどり着いた製法について惜しみなく料理教室でも伝えている。*「家族も含めて小麦アレルギーの子どもが喜んで食べてくれるのがうれしい。パンは日常食なので家庭で作り方が広まれば」と期待する。

森さんだけではない。米粉パンは米の産地でもある丹波で浸透し始めている。南丹市美山町島の障害者就労支援施設「あゆみ工房」では、前身の施設時代の2010年から地元産の米粉を使ったパンを製造し、市内の高校や公共施設などで出張販売してきた。小麦粉のパンに比べて早く硬くなりやすく、焼きたてを毎日届けている。製造を担当する尾藤清三さん(43)は「作業はとても楽しい。よく売れると、うれしい」と語る。〔2〕

市内の学校給食に

米粉は従来、団子やまんじゅうなどの和菓子の材料に使われてきた。米の消費が冷え込む中、国は新たな活用法として米粉に着目し、生産者を支援する法律を09年に施行した背景もある。

1947年創業の朝日製粉所（南丹市八木町）は大型機械で米粉の製造・販売を手がけてきた。和菓子店への出荷が主だったが、近年は小麦アレルギーへの対応から子育て世代の顧客が増え、市内の学校給食にも活用されるようになった。経営者の吉田将史さん(37)は「アレルギー対応でのニーズの高まりを感じる」と語る。農林水産省によると、欧米諸国では小麦アレルギーに加え、含まれるグルテンが腸の炎症を起こす遺伝的なセリアック病患者があり、グルテンフリー食品のニーズが高まっている。市場参入へ、国は米粉の海外輸出の取り組みを加速させている。［3］

洋菓子や麺類も登場

米粉の用途はさらに広がりつつある。亀岡市東つつじケ丘の「洋菓子館ベルジェノア」は朝日製粉のキヌヒカリの米粉を使用し、マドレーヌやフィナンシェなどの洋菓子を作る。時間が経過すると、硬くなりやすい米粉の特質をバターなどの量を調整して克服したという。シェフの谷村圭一さん(45)は「ご飯とおかずの関係と同じように、米粉はアーモンドやカカオなどの他の素材の味を引き立ててくれる。地産地消で地域が盛り上がったらうれしい」と語る。［4］

亀岡市大井町並河の製麺業「薬師庵」は米粉のうどんやそうめんを開発。近年の気候変動で小麦生産への懸念があり、日本の米に目を向けた。山下英雄会長(76)は「小麦粉を使わなくても遜色のない商品に仕上がった。小麦アレルギーに悩む人も多い。米粉麺の時代がすぐそこまで来ている」と手応えを感じている。［5］

米は粉となり現代の食生活に溶け込んでいく。

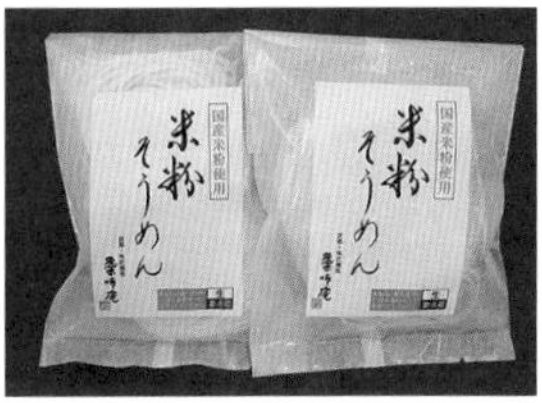

2 1
3
4 5

1 米粉で作った食パンを紹介する森さん（南丹市園部町宍人）
2 米粉を使ったパンをつくる利用者たち（南丹市美山町島・あゆみ工房）
3 朝日製粉所で機械で作られる米粉（南丹市八木町）
4 ベルジェノアが販売している米粉の洋菓子（亀岡市東つつじケ丘）
5 薬師庵が製造する米粉そうめん（亀岡市大井町並河）

＊森さんは2019年からは映像配信に切り替えて製法を広く伝えている。

高齢化 ⑥ 水田 生き方とともに次代へ

寒さが和らぎ、植物が芽吹く春。丹波地方の各地で田植えに向けた準備が進んでいる。山あいに農地が広がる京丹波町塩田谷で、谷口忍さん(80)は農業を営む。約1ヘクタールを耕し、キヌヒカリとコシヒカリを毎年、栽培する。谷口さんは「この地は粘土質の土と水がいい。だから米はうまい」と自慢する。[1]

65歳以上が6割超

新幹線の車掌を務めたJR東海を定年退職した後、農業に本格的に取り組み始めた。米を減農薬で育て、主に宇治市内のレストランに出荷している。

うまい米作りを目指し、田に油かすをまく栽培法を続ける。「タンクを背負って、まく作業は年がいって、しんどくなってきた。いつまでやれるか分からないけど、農地を守っていかな」

水田の多くは高齢者が支えている。2015年の農林業センサスによると、全国の農業就業人口の平均年齢は66・4歳で10年前と比べて3歳上がった。65歳以上が占める割合は6割以上だ。

谷口さんは「都会のマンション暮らしの元同僚から『することがあってええなあ』とうらやましがられる。自給自足の幸せな暮らし。いずれは息子が継いでくれるでしょう」と語る。

「限界集落」が点在

後継者がなく、耕作放棄が進む現状がある。同センサス(15年)の府内の耕作放棄地面積は10年前と比べて400ヘクタール増の3098ヘクタール。丹波2市1町では1・6倍の375ヘクタールとなっている。[2]

京丹波町鎌谷奥の山あいにはカヤやススキが生えた水田跡が広がっていた。近くで米や小豆を栽培する男性(73)は「所有者が町外に出て行ったり、後継者がいなかったりして耕作放棄地が増えている。少しでも無くそうと、農業をできる限り頑張っているが、高齢化によって集落で作業ができる人が少なくなってきた」と嘆く。京都の丹波地域では、集落の半数が65歳以上の「限界集落」が点在し、過疎高齢化と相まって耕作放棄が進む。

一方で「時間がある高齢者だからこそできる〝小さな農業〟があってもよいのでは」と、南丹市八木町西田の高屋皓さん(75)は語る。教員を退職した後、無農薬の米作りを手がける。アイガモを水田に放って雑草を生やさないようにする農法を実践。除草機で丁寧に草を取り除く。ほかの田んぼには養分になるレンゲをまく。[3]

退職後に向き合う

高屋さんは「カモが大きくなった雑草をよけてしまう。自然はそう簡単にはいかない。退職後にじっくりと土と向き合うようになった。安全安心に食べられるものを赤字が出ない、高すぎない値段で提供したい」と言う。

耕作放棄地が増える現状に危機感を募らせる。「食料自給率が低く、食の安全保障さえできていない。農業は公益性の高い仕事。公務員のような立場でなければ、継続は難しい」と実感する。

19年は無農薬の水田に興味を持つ、30～40代の若者と一緒に米を栽培する予定だ。「米作りは誰から指示されるわけでない。田んぼにいると居心地がよくてほっとする。仕事をしながら農業をする半農半Xという生き方もある。若い人たちに経験を伝え、次の世代にバトンタッチしていければ」

水田には食や土地を守る、そんな人生の先輩たちの思いがつまる。生き方とともに引き継がれようとしている。

1
2 3

1 トラクターを運転する谷口さん（京丹波町塩田谷）

2 山あいに広がる耕作放棄された水田（京丹波町鎌谷奥）

3 無農薬の米づくりについて自身の水田で語る高屋さん（南丹市八木町西田）

移住者（6） 環境負荷減らし 安全に軸足

田舎で暮らしたい。それなら食べ物も自分で作ろう――。里山が広がる南丹市園部町船阪の専業農家児島ひかるさん(31)は子どもの頃から思っていた。［1・2］

兵庫県高砂市の工場地帯で育った。「夜中も工場から炎が上がり、空気が悪かった」と振り返る。大分県や奈良県の有機農業の法人で働いた後、「暮らしと一体となった自給自足の農がしたい」と2012年に南丹市に家族で転居した。

無農薬、無肥料の農法

米作りは無農薬、無肥料、無除草の農法が中心だ。児島さんは「微生物が分解した有機物が、水田にのり状になって土の層ができる。層が上にきて日光が雑草の種まで届かず、発芽を防ぐ」と説明する。収穫後も、土の中の微生物に酸素を供給する狙いで、小まめに田を起こす。「初めは草が生えないのに驚いた。理論がはっきり分からない面もあって、農業のフロンティアに関わる面白さがある」と語る。栽培する品種は「京都旭」が中心だ。向日市文化資料館によると同市の農家山本新次郎が明治41（1908）年に悪天候でも倒れていない株を発見し、新品種に固定化。昭和初期に全国に広まり、戦後のコシヒカリ誕生につながったが近年は栽培されていなかった。

品種改良に不信感も

児島さんは無農薬、無肥料栽培に合わせて品種を選んだが、最新の科学技術による品種改良に不信感もある。

戦後、原子力の平和利用の一環で、植物に放射線を照射してできた突然変異が利用され、耐病性や低タンパク質のイネが開発された。野菜では、花粉ができない「雄性不稔」の性質を交雑に利用した種が活用されている。遺伝子組み換えの植物も登場している。

児島さんは「安価に大量に画一的な植物が作れて経済性は高いけど、植物の立場に立ったら、その操作っておかしいなと思う」。児島さんは米や在来種の野菜を自分で種を採って栽培。野菜の葉の形はそろわない。暮らしも自給自足。太陽光発電、廃材を使ったまきストーブ、天ぷら油で車を動かす。生ごみなどを使ったバイオガスの機材も購入した。障害のある人にも作業を手伝ってもらっている。「植物も人も多様であっていい」と語る。

都会につかれて

山間部の京丹波町でも無農薬の米作りに取り組む移住者がいる。市場の専業農家杉浦美穂さん(42)。愛知県出身の杉浦さんはかつて名古屋市の飲食店で働いていた。昼夜逆転のマンションでの生活。「都会につかれてきて田舎でのんびりしたい」と、綾部市の府立農業大学校で学んだ後、2009年に移住。九条ねぎをメインに、小さな田で米を栽培。農薬で気分が悪くなった経験があり、無農薬にこだわり、名前を冠した「美穂米」として出荷する。[3]

米は当初は雑草に負けていたが、水田に紙のシートを敷き、苗を手植えする方法で除草を実現した。米は稲木に干して天日で乾燥させる。自分で育てた米を初めて食べた時の感動は忘れられない。

ただ、心配なことがある。山からの水路にたまった砂利や雑草を取る集落の共同作業は高齢者がほとんど。「10年、20年先は維持できるのかな。移住者がもっと増えたら」

経済効率よりも環境負荷を減らして安心な米を作る。丹波だからこそ、自然の摂理に合わせた暮らしが実現できる。

1

2 3

1 無肥料、無農薬、無除草で米を育てる田んぼの土を見せる児島さん（南丹市園部町船阪）
2 児島さんが無農薬、無肥料で育てた米＝児島さん提供
3 水田で、植える予定のイネの苗を見せる杉浦さん（京丹波町市場）

継ぐ　次代へ「水田通い」続々

通勤時間は車で約40分。古里の南丹市美山町で米作りをする農業東智也さん(44)は園部町横田の自宅から通い、米5ヘクタール、黒豆や白大豆など5ヘクタールを耕作する。東さんは「明日の作業を考えながら夕方に帰る。『通勤』は気持ちがリセットできて、ちょうどいい」。【1】

南丹市内で20年以上、消防士として勤務した後、2015年に就農した。1年目は耕作放棄地で、雑草が凍る2月に田んぼを耕すことからスタートした。今は京都市や大阪市内の飲食店を中心に米を直売する。「美山のお米はブランド力がある。売り先は知人の紹介で広げ、米が足りないほどの人気です」。作付面積は最低50ヘクタールを目指す。

Uターンして就農

18年からは美山町小渕の農業齋藤ろくさん(38)がUターンし、東さんの農機具を借りるなどして米や豆類の栽培を始めた。愛媛大農学部を卒業後、愛媛県の農業法人で働いていたが「親が非農家なので田んぼも道具もなかった。東さんのおかげで、小さい頃からお世話になった古里で仕事ができる」と喜ぶ。

府南丹広域振興局によると、丹波2市1町の近年の新規就農者は毎年、十数人で推移している。美山町では京都市から通って米作りをする人もいる。

「畑違い」からの参入

美山町福居の農業生産法人「塞翁《さいおう》が馬」。若者向け洋服店「スピンズ」を展開する「ヒューマンフォーラム」(京都市中京区)が、店舗で働く従業員の「自給自足」を目指して立ち上げた農業法人だ。今は美山町で無農薬の米を作り、京都市内のカフェで販売している。農作業を担う吉村勝郎さん(36)と雫耕輔さん(41)は京都市から通い、週の半分は美山町に泊まって作業にあたる。雫さんは「アパレルで働いてきて転勤で農家になった。『畑違い』で初めは戸惑ったけど、やりがいを感じる仕事で楽しい」と満足する。[2]

無農薬栽培のため、冬場も田に水を張って雑草の繁茂を抑え、雑草に負けないくらい大きく育てた苗を植える。栽培した大豆で味噌を作る計画もある。スピンズの店員も田植えや草刈り作業をする研修に訪れる。同法人リーダーの井垣敦資さん(39)は「東京の池袋で育って水田を見たことがない店員もいる。カルチャーショックを受けながら、作業を通して生きる力を養う。米や味噌を販売することで丁寧な暮らし方を提案し、都会と田舎の循環につなげたい」と思い描く。

週末田舎暮らしを

水田を通じ、若者が都市部の住民を呼び込む取り組みも南丹市八木町船枝で始まる。20～30代の女性3人による地域活性化プロジェクト「やぎ地立計画」。「地域にパン屋を作ろう」と小麦栽培を始めたのをきっかけに使われていなかった農地を開墾し、18年、知り合いの農家に余っていた黒米を植えた。名付けて「なりゆき農園」。黒米は手植えして無農薬で育て、収穫後は稲木で天日干しした。メンバーの用澤菜奈子さん(24)は「稲木干しをしたら、農村の風景をつくった」と感動した。近所の人から米の育て方を教わり、コミュニケーションも生まれている」とほほえむ。[3]

19年は赤米や緑米も植え、田植えや草取りなどの農作業体験者を募る。用澤さんは「週末に田舎暮らしをしたい人が集まり、ゆったりとした時の流れを感じながら、ゆるくできたら」と話す。

大規模農家も、洋服店員も、都市住民も田んぼに通う。平成から令和へ、米作りを受け継ぐ。水田に軽やかな新風が吹き始めている。

1
2 3

1　消防士から転身して大規模な米づくりをする東さん（南丹市美山町安掛）
2　水を張った水田で打ち合わせをする農業生産法人塞翁が馬のメンバーたち（南丹市美山町福居）
3　トラクターで農地を耕す用澤さん（南丹市八木町船枝）

丹波訪食記

いにしえから食材の宝庫とされてきた丹波地方。
野菜や魚・肉、山の幸など食材の生産や
消費の現場での、食にまつわる物語を追う。

ワサビ　地域の宝　輝き復活へ着々

葉や茎、根がそのままにしょうゆ漬けにされたワサビ。恭《うやうや》しく三方の皿に盛られ、住民や神職が箸で順番に口に運んでいく。南丹市美山町芦生の芦生熊野権現神社で毎年4月10日に営まれる「わさび祭り」。境内で住民たちは、久しぶりのつんとした辛みを味わった。[1]

年始めから祭りの日まで、住民たちはワサビを食べない。井栗秀直区長(59)は「昔、このあたりは夏場は（器をつくる）木地師や炭焼きの仕事をして、冬場は狩猟で生計を立てていた。獲物は毛皮も胆《い》もお金になる熊。山の神の恵みをもらうばかりでなく、その代わりにワサビ断ちをしようということになった」と説明する。

深刻なシカの食害

神事の後は、近くの宿泊施設で酒を酌み交わしながら美山産ワサビを使って刺身をいただく。出席した、地元の今井喜美子さん(91)は「天然のワサビが、昔はなんぼでも、生えていて食べたけど、今はシカに食べられてしまった」と嘆く。

シカの食害は深刻だ。芦生には4200ヘクタールを有する京都大の芦生研究林が広がる。研究林内ではニホンジカの食害で2000年頃からササなどの下草や樹木の若木が食べ尽くされる被害が増加。地面がむき出しになって河川に土砂が流れやすくなり、希少な植物も食べられた。京都大は、猟師の協力で個体数を調整し、一部の森ではシカの侵入を防止する柵で囲んで植物の回復を促す取り組みを行っている。

研究林林長の石原正恵准教授（森林生態学）は「ここまでのシカの被害は少なくとも直近の100年ではない。希少な植物だけでなく、昆虫や川の中の虫にも影響がある。回復にはかなりの

時間がかかる」と指摘する。［2］

祭りも地元産に戻る

シカに悩みながらも住民や研究者がワサビの復活に向けて動き出している。芦生の住民たちは5年ほど前からワサビの栽培に取り組み、島根県から種を分けてもらって栽培を始めた。シカよけのネットで囲んで、約10アールのスギ林にワサビが茂り、白い花を咲かせている。祭りで使っていたワサビは近年は地区外産を使っていたが、2018年から地元産でまかなえるようになった。美山町の飲食店にも出荷している。芦生わさび生産組合の今井崇組合長(65)は「ワサビは4、5月が旬で春を感じてもらうには最高。数も増えてきて芦生の特産品にしたい」と意気込む。［3］

全国のワサビを調査する岐阜大の山根京子准教授（植物遺伝育種学）も、祭りの視察をきっかけに芦生のワサビに着目。森を調査してシカの食害を免れた、自生のワサビを発見し、シカ柵で囲って保護を始めた。

山根准教授は「ワサビは氷河期時代に日本に入ってきた固有種で約300系統あって、地域によって個性があって多様だ。芦生のワサビのＤＮＡを調べると、びっくりするくらい他とは違っていた。何十万年もの間、他と交わることなくここでひっそりと暮らしていたワサビがあった。ワサビ断ちも資源を管理する手法の一つだと思う。貴重なワサビが守られて増え、特産品として地域のお金になって循環して守られていく、新たな資源管理の形になれば」と思い描く。

かつての山村の日常食は、シカの食害を受けながらも地域の宝として輝き始めている。

2 | 1
3

1 「わさび祭り」でワサビを食べる住民や神職ら（同町芦生・芦生熊野権現神社）
2 京都大芦生研究林で確認されたシカ＝同研究林提供
3 住民が栽培したワサビ。白い花の周りをシカよけネットが囲む（南丹市美山町芦生）

麦　原料京都産　飲んで食べて

「乾杯！」。黄金色に色づいたビール大麦畑に声が響いた。亀岡市馬路町で2019年5月18日に開かれた大麦生産者やクラフトビールの醸造家らが参加した交流会。亀岡産の大麦と与謝野町産のホップを使い、京都市内のクラフトビールメーカーが醸した4種類のビールを関係者が味わった。【1】

2020年の商品化を目指す「京都産原料100％ビールプロジェクト」の一環。プロジェクトは亀岡市にキャンパスのある京都先端科学大や亀岡市の生産者、クラフトビールメーカー、キリンビールなど、21機関が参加して18年夏に発足した。交流会で「京都・一乗寺ブリュワリー」（京都市左京区）醸造責任者の林晋吾さん(42)は「麦やホップは海外産がほとんど。生産者の顔が見える京都産のビールができるのはうれしい」。

「畑からグラスまで」

プロジェクトの篠田吉史代表(47)は「麦芽を作る製麦所が京都にできれば、合言葉の『畑からグラスまで』京都産の産業ができる。ブランド力があり、観光への波及効果もある」と説明する。

亀岡市は明治時代からビール大麦を栽培する記録が残る府内唯一の産地で、九つの営農組織が農協を通じてキリンに出荷している。

5月下旬には麦秋を迎え、桂川近くの河原林町の農事組合法人「河原林」でも刈り取りが行われた。河原林では1970年代に始まった米の減反政策を機に転作作物として麦の栽培を開始。約140ヘクタールの農地を数ブロックに分け、米、大麦と小麦、豆類の耕作地を3～4年ごとに回しながら育てている。加藤邦廣代表理事(66)は「水はけのよい土壌が麦の栽培に適しており、

連作障害も防げる」〔2〕

亀岡と麦とのつながりは深い。保津町では米の収穫後の裏作として、小麦や大麦を栽培する二毛作が60年代まで行われていた。保津町前自治会長の塚田勇さん(75)は、子どもの頃、桂川沿いに収穫された麦が稲木に掛けられて並んだ光景を思い返す。冬になると、霜柱で浮いた根を足で踏みつける「麦踏み」に精を出した。〔3〕

各家庭に石臼があり、塚田さんは「大麦は米のたしや牛の餌に使い、小麦で自家製のうどんを母親が作った記憶がある」と語る。小麦のわらは屋根をふく材料に使っていた。しかし、桂川の氾濫による被害や田植えの早まりなどで保津では栽培されなくなっていった。

パン向き品種に統一

食料自給率は2017年度、大麦が9%、小麦が14%と低く、政府によるアメリカやカナダなどからの輸入に依存しているのが現状だ。一方で、パンや麺に使われる小麦の国民1人当たりの年間消費量は33・1キロに上っている。消費量は多いが、国内自給率が低い状況が続いている。

こうした中、小麦でも消費者の国産指向を受け、新たな取り組みが始動している。南丹市や福知山市で生産されている府内産小麦は、うどん用の「農林61号」が使われていたが、18年産からパンに加工しやすく、収量が多い新品種「せときらら」に府や農協が農家と協力して統一した。

これを機に小麦粉を作る「井澤製粉」(京都市南区)は19年、京都産を使ったラーメンやパンを京都市など約50店舗で提供する「京小麦の収穫祭」を企画した。井澤雅之社長は「京都産は取引先から問い合わせが多く、潜在的需要が高いが、生産量が少なかった。品種も変わって今後の伸びを待ちたい」と期待する。

外国産から京都ブランドを生かした麦の地産地消へ―。麦は転換期を迎えている。

1

2 3

1 ビール大麦の畑で、地元産の大麦と与謝野町のホップを使ったビールで乾杯する生産者や醸造家ら（亀岡市馬路町）

2 黄金色のビール大麦の収穫作業。手前には緑色の小麦が育つ（亀岡市河原林町）

3 石臼を使った小麦のひき方を説明する塚田さん（亀岡市保津町）

アユ　河川変化も「美食」健在

ぶつ切りにした生のアユに酢をからめた「背ごし」や刺し身を酢みそで食べる「あらい」は独特の香りと甘みが口に広がる。塩焼きや釜飯はクセになりそうな内臓の苦みも楽しめる。京丹波町本庄のＪＲ和知駅前の料理旅館「鮎茶屋　角屋《かどや》」では、アユづくしの料理が味わえる。明治時代創業で、同町や南丹市美山町などの由良川水系産を主に扱う。[1]

アユは古来、食されてきた。奈良時代の万葉集に詠まれ、平安時代の延喜式によると、塩漬けなどで加工されたアユが朝廷に献上されていた。アユの生態は、秋に川でふ化し、稚魚は海で過ごす。水温が上がる春になると、川を遡上《そじょう》して秋には川を下って産卵して生後1年で命を終える。府内の各漁協で友釣りが解禁される６月は「若鮎」と呼ばれて身がやわらかい。

魯山人絶賛、東京へ輸送

「和知川などの若鮎と来てはたまらない」

美食家の北大路魯山人（１８８３～１９５９年）は、１９３８年の新聞にこう記して絶賛した。魯山人が経営に関わった東京都千代田区の高級料亭「星岡茶寮」に、角屋は昭和初期、アユを生きたまま列車で運んだ。[2]

店主の野間之暢さん(62)は「おけに水を張ってアユを泳がせた。作業員を一人つけて杓《しゃく》で水を滝のように、絶えず落として酸素を供給し、名古屋や静岡で水を入れ替えた」と説明する。

魯山人は36年に和知駅に降り立ち、南丹市美山町大野地区を訪れた記録が残る。この頃のアユは由良川を天然遡上したものだった。現在はダムや発電施設の設置で美山町には天然遡上はなく、京丹波町市場の和知ダムから下流に限られる。野間さんは「天然遡上は流れに逆らって上がってくるので細くてひれが長い。香りも強い」。

桂川水系でも南丹市日吉町天若のアユをおけに入れて約26キロを「アユモチ」と呼ばれる運搬人が歩き、京都市右京区嵯峨鳥居本の問屋に運ばれた。51年に世木ダムができるまで京の食文化を支えた。

河川環境が変化した今では、府内の各漁協が養殖や琵琶湖産などの稚魚を放流している。川の石についた藻類を食べるアユ。友釣りは縄張りに入った別のアユを攻撃する習性を利用し、おとりを泳がせて釣る。美山町を管轄する美山漁業協同組合によると、レジャーの変化で友釣りを楽しむ人は減少傾向で年間遊漁券もピーク時の１９９２年は約４千枚売れていたが、近年は約４分の１に落ち込んでいる。〔3〕

京料理支え、駅弁も脈々

とはいえ、美山のアユは、高知県友釣連盟が主催する味のコンテストで準グランプリを２０１３年から３年連続で獲得した。同町でおとり店を営む上林博文さん(54)は京都市内の問屋や東京の懐石料理店にアユを出荷する。「京都はアユの食文化がしっかりと残り、祇園祭の頃は特に注文が多い。懐石料理に使う13～16センチのアユが重宝され、地元では大きなサイズが喜ばれる。美山のアユは清流で育つコケが香りを引き立たせ、焼くと脂で黄金色に輝く」と誇る。
南丹市園部町ではＪＲ園部駅前の仕出し弁当屋「淡路屋」がかつてＪＲ山陰線の駅や車内で販売していた鮎寿しを予約制で作り続けている。アユを開いて塩漬けし、塩抜きして丁寧に骨を取り除く。店主の三村隆夫さん(60)は「鉄道ファンや昔からのなじみ客が買いに来る。ほかの地域にも鮎寿しはあったようだが川の変化でレアなものになったのでは」。〔4〕
環境変化にあらがい、丹波のアユの「美食」は令和の今も健在だ。

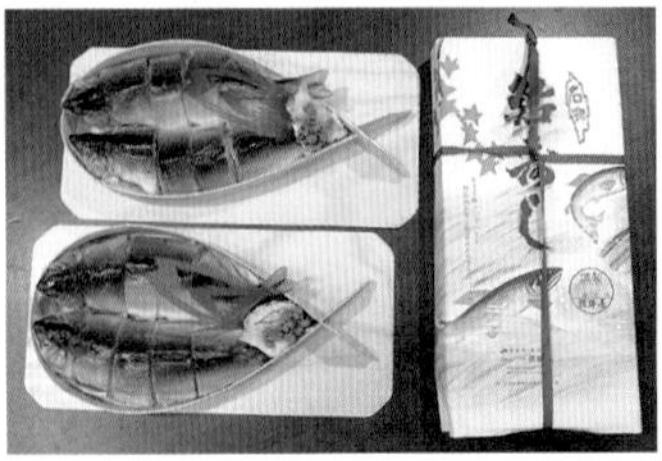

2 | 3 | 4　1

1　アユの背ごしやあらい、塩焼きなどが楽しめる角屋の料理（京丹波町本庄）

2　北大路魯山人が関わった雑誌「星岡」に掲載された写真。アユを生きたまま列車で運ぶ様子で、作業員がアユの入ったおけに杓で水を滝のように落としている

3　清流でアユの友釣りを楽しむ釣り人（南丹市美山町）

4　淡路屋が作り続けている鮎寿し（同市園部町）

牛乳　酪農教育先進地の伝統　濃厚

朝、生徒が搾乳機を乳牛「マリリン」に装着すると、白く温かい牛乳が勢いよくあふれ出した。南丹市園部町南大谷の農芸高。府内で唯一、乳牛を飼育する高校だ。子牛を含めて36頭が牛舎に並び、朝と夕の搾乳に畜産部の生徒らが励む。餌やりやブラッシング、愛情を込めて育てる。２年中村陽一さん(16)は「１頭１頭、体調や機嫌が毎日違い、発見ややりがいがある」と笑顔で話す。[1]

同高の乳牛は酪農家を抑え、数々の品評会で入賞を続けている。体形や乳量から、掛け合わせる精液や受精卵を選び、お産を積み重ねて改良した成果だ。

命を学ぶ抜群の教材

牛乳は１頭から年間約１万キロ出る。南丹市八木町の工場に出荷されて、府内産の牛乳として販売される。その収益を飼料代や繁殖費に充てている。ふん尿から作る堆肥で牧草も育てる。村西聡教諭(48)は「生徒は牛のお産も経験する。経済感覚や循環型農業の学びを深め、食と命に関する抜群の教材だ」。

日本では明治以前、牛乳を飲む一般的な習慣はなかった。文明開化の波とともに栄養価が高い牛乳や牛肉が推奨されていった。

京都府は１８７２（明治５）年にいち早く乳牛を輸入し、京都市左京区に牧畜場を開設。76年に京丹波町豊田などに府農牧学校を創設した。講師は米国人ジェームス・オースティン・ウィード。原野を開拓し、牛の搾乳や飼育、農業の基本を教えた。「少年よ大志を抱け」の名言を残したクラークが教壇に立った札幌農学校などと、日本三大農業教育発祥の地とされる。農牧学校は

3年で廃校になったが敷地に建つ須知高は米国製農具や英語の教科書が残り、資料館もある。辻垣晃一教諭(46)は「当時は福沢諭吉も牛乳の効能を語っていた。最先端の学校だった」。[2]

牛乳は1923（大正12）年の関東大震災で、乳幼児への栄養を補給する緊急措置として支給され、学校給食に取り入れられて次第に普及が進んだ。府内では南丹市と京丹波町で、酪農が盛んで府内の乳牛の6割を占める。2018年、南丹市で16戸1203頭、京丹波町で9戸944頭が飼育されている。

南丹市美山町では1961年に完成した大野ダムの建設に伴う移転地域の振興策として府が酪農を推し進めた。牛乳は同町の学校給食に58年に採用され、60年には86戸が130頭を飼育したが後継者不足などで酪農戸数は年々減少。農協合併に伴い、2001年に第三セクター「美山ふるさと株式会社」が同町の牛乳プラントを継ぎ、3戸約100頭で「美山牛乳」を続ける。[3]

加工品でブランド

こだわりは85度15分かけての殺菌。奥本浩二社長(58)は「高温で短時間の殺菌より、本来のうま味が残る。顔の見える生産者が豊かな自然の中で牛を育てる。加工して付加価値も付けてブランドを確立できた」と説明する。アイスクリームやジェラートの直売所を美山町や京都市に開設し、プリンやヨーグルトも手がける。

京丹波町下山の「ミルクファームすぎやま」はこだわりの「モッツアレラチーズ」を作り、京都市内のレストランや関東のスーパーに出荷して人気だ。須知高食品科学科を卒業して北海道で製法を学んだ杉山牧さん(36)は「牧場だから搾りたてのミルクのうま味をチーズに引き出せる。酪農の魅力を発信し、守っていきたい」。[4]

酪農教育の先進地の丹波。脈々と続く関係者の情熱と牛への愛情は乳製品へと広がる。

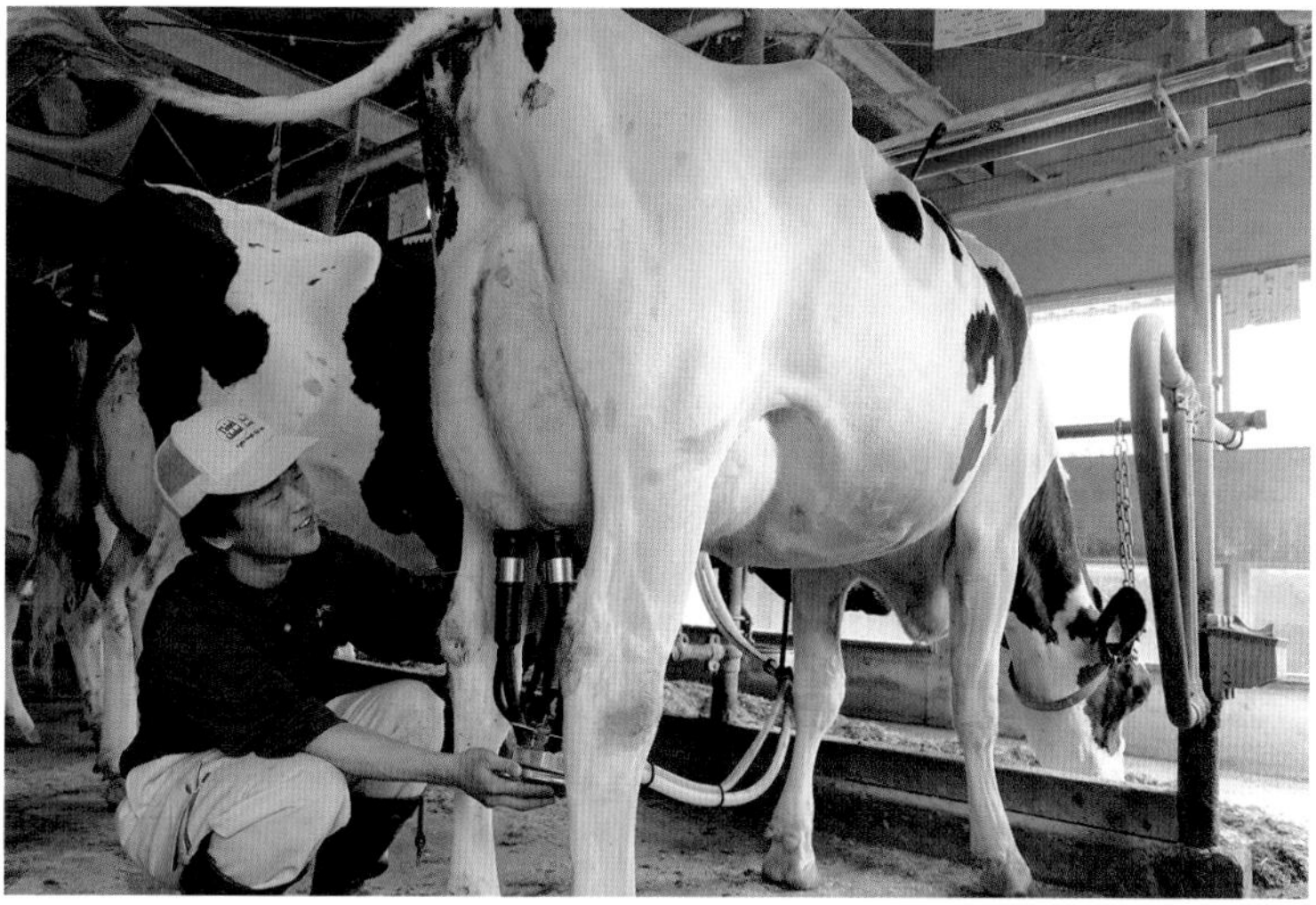

1

4 | 3 | 2

1 牛舎で搾乳に励む農芸高の生徒（南丹市園部町南大谷）

2 京都府農牧学校時代に使われていた英語の教科書とウィードが京都府と交わした契約書（京丹波町豊田・須知高）

3 直売所で販売されている美山牛乳を使ったソフトクリームやジェラート（南丹市美山町・美山のめぐみ牛乳工房）

4 モッツアレラチーズを紹介する杉山さん（京丹波町下山・ミルクファームすぎやま）

有機野菜　環境と体に優しい農法指向

ビニールハウス横に植えられたさまざまなハーブから、爽やかな香りが漂う。ハウスの中にはトマトや九条ねぎ、ナスが育ち、オレンジ色で食用のナスタチウムや虫よけ効果があるマリーゴールドが植わる。南丹市美山町又林のカイザー・ミシェルさん(36)はフランス出身で、農薬や化学肥料を使わない有機農業にこだわる。ミシェルさんは「美山の素晴らしい景色の中で、次の世代の環境を考えて農業をしたい」と語る。[1]

幼少期にアニメやゲームから日本に興味を持ち、2011年ごろ農家がホストとなって農作業を手伝う旅行者を受け入れる「ＷＷＯＯＦ《ウーフ》」で日本の各地を回った。京都市内の学校で日本語を学び、18年4月に美山町に移住した。

化学肥料や農薬を否定

土には米のもみ殻の燻炭《くんたん》や、地元の湯葉店から出るおから、牧場の牛ふんを肥料とする。「化学肥料を使うと土が酸性になり、ミミズや微生物がいなくなってしまう。土づくりが大切です」。

ミシェルさんが感銘を受けた本がある。自然農法の提唱者福岡正信さん（1913〜2008年）が記した『わら一本の革命』だ。米と麦を連続で栽培して不耕起で種をじかまきする農法を提案した。土壌の動植物の循環を活発化して、化学肥料いらずを目指し、農薬は「自然のバランスを崩す」と否定した。

京丹波町豊田の農業黒澤喜一さん(71)も影響を受けた一人。オクラ、キュウリ、ズッキーニ…。自給用にもなる畑は連作障害を防止し、病害虫のリスクを分散するために、少量多品目を植える。根が張る小麦の間にカボチャの苗を植え、収穫した麦わらをカボチャの周囲に敷くことで、雑草を抑える。肥料は米ぬか、刈り取った雑草、カキ殻粉のみだ。[2]

京都市出身の黒澤さんが有機農業に関わるようになったのは1976年。NPO法人「使い捨て時代を考える会」（京都市）が立ち上げた安全農産供給センターで、有機栽培の野菜や卵の集配業務を担当した。水俣《みなまた》病や四日市ぜんそくといった高度経済成長期の公害や、農薬、食品添加物の問題がクローズアップされる中、農産物をつくる生産者と消費者を結ぶ活動として始まった。黒澤さんは「当時は有機野菜は手に入りにくかった。都会の人たちが食べ物が危ないと危機感を抱き、会員がどんどん増えた」と振り返る。自身は87年に京丹波町に移住し、農業を実践してきた。有機にこだわる理由を「自分さえ良かったら他者はどうなってもいいという文明では行き詰まると思う。人と動植物が自然の循環の中で共生する暮らしでないと」。

「濃い味」共同出荷

体調不良から有機農業の世界に飛び込んだ人もいる。南丹市日吉町胡麻の服部将宗さん(42)は30代前半にアトピー性皮膚炎の炎症を抑えるステロイド剤をやめたところ、重症化。2011年に療養のために静岡県の自然農法の学校に滞在した。服部さんは「農場に行くと、炎症が不思議と和らいだ。野菜はエネルギッシュで、体の自然治癒力が復活していく感じがあった」と振り返る。

胡麻で実践する農法は無農薬、無施肥。卵を産み付けるモンシロチョウを防ぐために不織布で覆ったキャベツは、大きく育っていた。服部さんは「小学生の親戚が、嫌いだったブロッコリーを甘いと言ってばくばく食べてくれた。味が濃くて全然違う」。南丹市と亀岡市の有機農家とグループ「京十草《きょうとくさ》ビラ」を立ち上げ、イベントや京都市内の飲食店に共同出荷をし、生産量を確保するために栽培品目もそろえ始めた。[3]

3人の畑はそれぞれ個性と工夫が光る。環境と体に優しい有機農業の広がりに期待したい。

1 | 3
2

1　ハウス内の野菜を手入れするミシェルさん（南丹市美山町又林）
2　オクラやカボチャなど少量多品目で有機農業を営む黒澤さん（京丹波町豊田）
3　無農薬、無肥料で大きく育ったキャベツを見せる服部さん（南丹市日吉町胡麻）

卵○鶏を平飼い、直売に活路

もみ殻が敷き詰められた鶏舎内を、鶏たちが自由に動き回る。真ん中には鶏が下から出入りできる箱があり、自ら入って卵を産む。南丹市園部町埴生の湯浅洋次さん(74)は、鶏かごを積み重ねるケージ飼いではなく、地面に放つ平飼いの養鶏場を営む。湯浅さんは「鶏ものびのびして静か。薄暗い場所で安心して卵を産む。においもきつくない。ふんは無農薬の米作りに使う」。[1]

約2千羽を飼育し、1日に3回、箱から卵を集める。餌は国内産の飼料米を主に使用。餌がトウモロコシが主流の鶏よりも黄身の黄色が薄い。「米だけで作ると味が変わらないのに色が白くなる。消費者は黄色に慣れているので、パプリカの粉末を餌に混ぜて調整している」

こだわりは病気に強くするため、ふ化して3日のひなを仕入れて育てる。鶏は2年を過ぎると、産む卵が大きくなりすぎたり、変形したりするため、命を終える、という。祖父の代から続く養鶏家の湯浅さんは「ひなが死ぬこともある。相手は生き物だから何年たっても修了証書はもらえませんわ」と奥深さを語る。

経営コンサルから転身

平飼いに魅了されて養鶏の世界に飛び込んだ人もいる。同市美山町北で養鶏場を営む戸川倫成さん(46)。証券会社を経て前職は経営コンサルタント。養鶏家が顧客になったのをきっかけに2016年に転身した。顧客が宇治市に移り、美山の養鶏場を継いだ。[2]

戸川さんは「鶏さんは食べた餌の半分を卵に変えるすごい生き物。ストレスを与えない平飼いは、消費者に栄養価だけでなく心の満足も届けられる。商機がある」と考えた。欧米では動物が恐怖や苦痛から解放される「動物福祉」の観点からケージ飼いを法律で規制したり、平飼いなどの「ケージフリー」の卵を企業が選んだりする動きがある。

養鶏場は観光地の「かやぶきの里」近く。戸川さんは「由良川の源流に近い良質な水と空気といった美山の自然で育つ健康な鶏。産む卵は、健康でおいしいはず」と語る。卵は1個100円前後。大阪市の百貨店の売り場に週1回立って思いを伝えている。

一方で公益社団法人畜産技術協会の調査（2014年）では、回答のあった養鶏農家398件のうち、鶏舎棟数ベースで9割以上がケージ飼い。卵の生産の主要な柱となっている。「JA全農たまご」の大阪相場の基準価格は19年1月時点で1キロ＝119円で、14年比で100円以上安い。国の統計では19年2月の採卵農家数は微減となる一方で飼養羽数は前年比0・2％増の1億8千万羽。JAによると、大規模化が価格を下げているという。

ケージ飼い試行錯誤

ケージ飼いで卵にどう付加価値を付けるのか。試行錯誤が続く。
京丹波町井脇の「みずほファーム」は約15万羽を飼育する。トウモロコシが中心の餌に、緑黄色野菜に含まれる葉酸を入れたり、黒豆を混ぜたりしてブランド化している。京都生活協同組合と取引し、養鶏場近くや京都市、亀岡市に直売所を設ける。桑山直希社長(49)は「相場に左右されない直売で経営を安定させたい」と意気込む。餌の主原料のトウモロコシや大豆は米国産などの海外産に頼る。バイオ燃料との競合や天候不順などで価格が高騰することがある。だからこそ、卵の洗浄から検査、包装を最新の機械で自動化してコストを抑える。親鳥をカレーやおつまみにする加工品も手掛けている。「卵は物価の優等生と言われてきた。コストを極力抑え、未利用資源を活用して販売力を上げたい」と桑山社長は強調する。［3・4］
平飼いや直売、餌…。グローバルな事情に影響を受ける卵には、養鶏家の苦労が詰まっている。

1
2 3 4

1 平飼いで鶏を飼う湯浅さん。横の箱で鶏が卵を産む＝南丹市園部町埴生

2 平飼いの養鶏場で産みたての卵を見せる戸川さん＝南丹市美山町北

3 最新の機械で次々と卵が容器に収まっていくみずほファームの工場＝京丹波町井脇

4 直売所で卵や親鳥を使った商品を紹介する桑山さん＝京丹波町和田

ソース　オンリーワンの味　続々誕生

実をかじると、激辛で口元がしびれた。京丹波町高岡の農業東良一さん(71)の畑では中南米原産の唐辛子「ハバネロ」を育てている。緑の実は秋には真っ赤に色づく。東さんは「手袋をはめて収穫しないとひりひりする」と笑う。[1]

ハバネロは同町院内の農園芸卸売業「篠ファーム」が2012年に発売した「京はばねろ　篠ソース」になる。世界一の辛さとしてギネスブックにも載ったことのある味をニンジンのペーストで和らげた。社長の高田成さん(66)は「ハバネロは独特の風味があり、料理のおいしさを引き立ててくれる。マヨネーズやトンカツソースに混ぜたり、ピザやパスタにかけたりしてもおいしい。ゆっくりと、ヘビーユーザーが増えてきている」と手応えを語る。[2]

激辛ブーム追い風に

高田さんは1999年、亀岡市の農家に依頼してハバネロの試験栽培を始めた。「地球の裏側で食べられており、いつかブームが来ると思っていた。国内で初めてで、面白半分で始めた」と振り返る。

衝撃的な辛さに売れない日が続いたが、2003年に大手菓子メーカー「東ハト」(東京都)が発売した菓子「暴君ハバネロ」が大ヒット。このブームを追い風に高田さんのハバネロも注目を集めた。「ハバネロは鹿やイノシシが食べず、作りやすい」と高田さんは指摘する。世界最大の唐辛子で米国原産の「ビック・ジム」を大阪府能勢町の農家とともに作る高田さん。「世界の唐辛子で日本の農業を元気にしたい」と意気込む。

丹波地方には新たなソースだけでなく、老舗もある。ソースといえば、イギリス発祥の「ウスターソース」が代表的で、洋食化とともに広まった。

亀岡市篠町の「蛇ノ目ソース本舗廣田本店」は1933年に京都市上京区で創業。良質な水を求めて、24年ほど前に亀岡市に移転した。自慢は高級ソースのラインアップだ。[3]

地元野菜ふんだんに

トマト、タマネギ、ニンジンをメインに丹波地方の生野菜をふんだんに使ったスープを元に丁寧に作られる。

社長の廣田幸一さん(74)は「大手メーカーができないものをと、価格競争ではなく、味の面で研究を重ねてきた」と語る。ソースに加えて黒蜜などのシロップも製造し、関東を中心に全国の高級スーパーに並ぶ。廣田さんは「ソースは野菜のうま味がしてまろやか。一度使ったら、やみつきに。お客さんの味覚も千差万別になり、気に入った人に使ってもらえたら」。

会社だけでなく、個人でソースを作るケースもある。

京丹波町市場の瀬田千鶴さん(57)は自宅に食工房「カイノキ」を構えた。九条ねぎの「ベルデソース」を、同町の道の駅「京丹波味夢の里」で販売して好評を得ている。[4]

2015年の味夢の里オープンに合わせ、主婦の経験を生かして食品製造を始めた。ニンニクやアンチョビーを使用するソースは、長女のイタリア留学先で教えてもらったパセリのレシピ。近くの農家が無農薬でネギを栽培していることから応用した。道の駅ではソースとともに、ソースを使用したソーセージやカツのサンドも販売する。

瀬田さんは「リピーターが増えている。生のネギを使用しているので、日がたつごとに味が変化していくのも楽しんでいただけたら」とほほえむ。

野菜の産地ならではのオンリーワンのソース。続々と丹波で誕生している。

1

4 3 2

1 ハバネロを見る東さん（左）と高田さん＝京丹波町高岡

2 京都産のハバネロを使った篠ソース

3 丹波の野菜をふんだんに使ったソースを紹介する廣田さん（亀岡市篠町）

4 九条ねぎを使ったベルデソースを紹介する瀬田さん（京丹波町市場）

京野菜 ● 進化する古都のブランド

壬生菜は名前の通り、京都市中京区壬生地区発祥の京都の伝統野菜だ。今では南丹市日吉町が府内の生産額の8割を占める。壬生菜は1800年代に自然交雑でできたみず菜の変種で、葉はギザギザのみず菜と違って丸くてヘラ状だ。味は独特の辛みが楽しめる。

壬生菜を生産する日吉町胡麻の農業の谷口成生さん(57)は「栽培当初はデータもなく、府や農協と知恵を出し合いながら、種を選んだり、袋詰めの方法を考えたりと手探りだった」と振り返る。

平成が幕開けした1989年。京都府は京野菜ブランド戦略としてみず菜、賀茂なすなど7品目で認証、出荷をスタート。日吉町の壬生菜は90年から栽培し、91年に京のブランド産品に認定された。[1]

壬生菜は古来、千枚漬けに添えられる漬物として大株で出荷されたが、やわらかいうちに早取りすることでサラダとしても食べられる。

谷口さんのハウスは当初の3棟から24棟に広がった。「1年に6〜7作。中山間地で農地が限られる中、1年中仕事が確保できる。壬生菜がなかったらこの地域の農業は衰退していただろう」。有機栽培の米や野菜と組み合わせて家族で専業農家の道を歩んできた。

「京の伝統野菜と旬野菜」(高嶋四郎氏著)によると、京都人は仏教の精進料理や宮廷での有識料理、懐石料理の影響で野菜の優秀な品種を作る努力をしてきた。伝統を重んじる気風も伝統野菜の保存につながった、という。ブランド化は実を結び、京都市中央卸売市場での野菜販売単価は府内産は1キロあたり414・8円で、全国と比べ1・7倍だ。

品質管理を徹底

美味で知られる賀茂なすでは、亀岡市が2018年、ブランド出荷の4割を占めた。同市宮前町神前の農業の人見助男さん(67)の畑では黒紫色の丸々とした賀茂なすが実っていた。[2]

周囲には風を防いで害虫の天敵を引き寄せるイネ科の植物「ソルゴー」が植わる。栽培履歴を記録し、作業工程のチェックを欠かさず、手塩に掛けて育てている。人見さんが部会長を務めるJA京都京野菜部会亀岡支部賀茂なす部会では、約20人の生産者が出荷基準をそろえる「目合わせ会」を定期的に行い、品質を厳しく管理する。元農協職員の人見さんは「八百屋が減ってスーパーが増えたため、規模が大きくないと出荷が難しくなった。トマトやキュウリでは他産地に量の面でかなわないが賀茂なすは飲食店の買い付けが多く、量が少なくても対応できる。京への憧れがあって需要はかなりある」と語る。

金時にんじん早取り

新たな京野菜も誕生している。細長い紅色のニンジンと緑の葉が美しい「京かんざし」。お節料理に使われる金時にんじんを正月以外の時期にも使ってもらおうと府が研究開発。早どりすることで生でも食べられ、09年から京丹波町を中心に生産出荷がスタートしている。

農業の軽尾一雄さん(73)＝同町東又＝はハウスで6月上旬から秋まで栽培。ほかの時期はホウレンソウを育てる。軽尾さんは「年々、暑くなってホウレンソウの夏場栽培が難しくなった。京かんざしは高値で取引され、収益につながる」。[3]

伝統野菜の種の保存や新たな栽培方法の開発を担う府農林センター（亀岡市）の松本静治園芸部長(54)は「時代や市場ニーズに合わせ、伝統に新しいものを盛り込んで生産振興を図りたい」。

京野菜の中心地となった丹波。伝統は新たな知恵で進化していく。

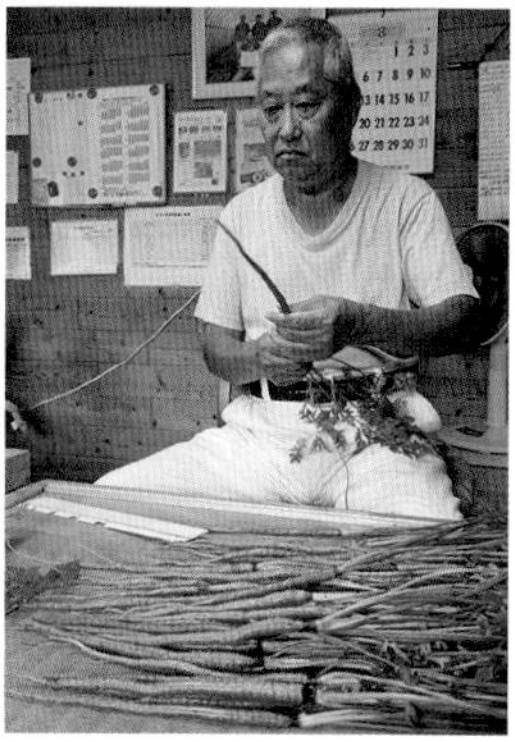

1
2　3

1　ハウスで壬生菜を収穫する谷口さん（南丹市日吉町胡麻）
2　人見さんの畑で実をつけた賀茂なす（亀岡市宮前町神前）
3　京かんざしの出荷作業をする軽尾さん（京丹波町東又）

《京の伝統野菜》

府は府内全域を対象に明治時代以前に導入した品種で37品目を挙げる。みず菜や山科なす、聖護院かぶ、伏見とうがらし、鹿ケ谷かぼちゃ、京うどなど。そのうち、絶滅した品種は郡だいこん、東寺かぶの２品目。京のブランド産品は伝統野菜のほかに、丹後ぐじや丹波くりを含めた31品目が登録されている。

そば　人を呼び　農地も守る

そば粉は職人の手によって水とともにこねられて玉となる。玉は棒で均一に手際よく伸ばされる。生地は重ねられ、包丁でトントンと小気味よいリズムで麺ができあがる。

田園風景を眼下にした小高い城跡に建つ京丹波町上野のそば店「ウエルカム上野　もとしろ」は、そばにつなぎを使わない「十割」の手打ちにこだわる。店主井上貴裕さん(48)は「手作業なので難しいですが、切り口が1・2ミリの正方形の麺が理想。食感がいいと、僕は思うけど、打ち手によって好みは違う」。長浜市出身の井上さんは、会社員をやめて京都市や東京都の店舗で修業し、2016年に店を開いた。1ヘクタールでソバ栽培も手がける。〔1〕

昼夜の寒暖差と霧

京丹波町に店を構えたのには訳がある。おいしいソバの成育には昼夜の寒暖差や霧が重要とされ、そば文化が花開いた江戸では「霧下そば」として珍重されてきた。この地は条件を満たしている上、旧瑞穂町がソバの栽培振興に取り組んできた歴史があった。

井上さんは「(日本海側と太平洋側の)分水嶺《れい》の北側にあたり、由良川源流域で水もいい。おいしい作物がとれ、そばにはうってつけの場所。自然の癒やしを求める京阪神からの来客がほとんどです」。

ソバは60~70日の短期栽培が可能で、痩せた土地や傾斜地でも成長する。他の植物の成長を抑える物質を根から出し、除草剤や肥料を必要とせず、手間がかからない。井上直人・信州大名誉教授著の「そば学」によると、ソバは中国が起源とされ、日本では始めは粉食が続き、切り麺が誕生したのは中世と推測される。風水害や冷害で夏の作物が被害を受けた時に栽培されることも多かったという。
　ソバの特性を生かして、京丹波町では旧瑞穂町農業委員会が農地の荒廃防止対策として着目し、２００１年から旧町内で本格栽培が始まった。現在も京丹波農業公社が農家に種を供給し、収穫・乾燥を担う。町内には約30ヘクタールで白くかれんな花が咲き誇る。当初は小粒の伊根町産と大粒の長野県産の品種を分けて栽培していたが、自家採種するうちに交雑が進み、今ではオリジナルの「瑞穂そば」ができあがった。[2]
　そばを販売する道の駅「京丹波味夢の里」の沖哲司駅長(61)は「町内での消費が少なかったが、地産地消ができるようになった。高級品ではなく、庶民の食べ物として提供したい」と説明する。

住民育て地域の誇り

　亀岡市西別院町犬甘野地区でも１９８８年からソバ栽培に取り組む。標高４００メートル付近に位置する気候条件に加え、府県境に近く、京都や大阪に通勤する兼業農家が多いことから生産が始まった。つなぎに丹波産のヤマノイモを使った、そばが味わえる「犬甘野風土館季楽《きら》」も住民で運営している。地区内外からリピーターが増加する一方で、犬甘野営農組合監事の向條一郎さん(71)は「そばで地域がまとまり、誇りにつながっている」と語る。地元の年越しそばを食べる風習も定着した、という。[3]
　そばを通じた交流の輪を広げる人もいる。京丹波町角の山口弘さん(67)は参加者全員がそばを打って味わう交流会「そばｄｅ談笑」を開く。ソバの産地・北海道深川市から8年前に古里にＵターンした山口さんは「人によって打ったそばの味は違い、性格がでる。ふれ合いや観光資源としては、もってこい」。
　そばは人を呼び、農地も守る。産地として後発の丹波に根づこうとしている。

1
2 3

1 手打ちそばを包丁で切る井上さん（京丹波町上野）
2 山間部の農地で白い花をつけるソバ（京丹波町小野）
3 犬甘野営農組合が生産から販売まで手がけるそば（亀岡市西別院町犬甘野）

栗 1000年超す歴史 復権を

「丹波の山中より出るものを上となす、その大きさ鶏卵の大きさのごとし」

江戸時代の1697年に刊行された食物を解説した「本朝食鑑」には、京都府と兵庫県にまたがる丹波地方産の栗がたたえられている。平安時代の延喜式には朝廷に栗を納める国として丹波国の名があり、その歴史は千年以上さかのぼる。丹波は宮中や寺院の領地が多く、宮廷園芸に使われた中国の接ぎ木技術が大粒の栗栽培につながった一因とされる。

特に京丹波町旧和知町は「丹波くり」の名産地として知られてきた。同町市場の山内善継さん(78)の約1ヘクタールの栗園では9月から、熟して地面に落ちた実を集める栗拾いに追われていた。山内さんは「昔はどの家でも栗を栽培した。子どもの頃のごちそうは栗のご飯やおはぎだった」。

水田を利用した栗園は手入れが行き届く。作業がしやすく、日光がしっかり当たるように木を高さ2・5メートル以下に抑え、大きな実が付きやすいように枝を剪定《せんてい》する。害虫を駆除するために不要なイガは穴に埋める。【1】

丹波くりの品種「銀寄」や「筑波」、渋皮がむけやすい新品種「ぽろたん」も栽培。山内さんは「霧の出る昼夜の寒暖差がおいしい栗を育む。今でも他産地より高値で取引される」と語る。

バイヤーが「幻の栗」

山内さんの栗を使い、同町坂原のスイーツ店「菓歩菓歩《かぽかぽ》」はモンブランやタルト、ケーキ、渋皮煮の瓶詰めなどを作っている。オーナー石橋香織さん(54)は「栗は女性がすごく好き。贈り物にも人気で驚くほど需要が高い。風味をしっかり味わえるように仕上げている」と説明する。4年前の東京での商談会で丹波くりを使っていることを百貨店のバイヤーに紹介すると、「幻の栗と

認識されていて、びっくりされた」と振り返る。［2］

府によると、府内の栗生産量は最盛期の1978年には1515トンだったが、2018年は76トンと激減している。

今井敬潤氏の著書「栗」によると、腐りにくい栗材は建築資材だけでなく、明治時代から鉄道の枕木に大量に使用された。戦後は1941年に岡山県で初確認された外来種のクリタマバチが猛威を振るい、栗の新芽に産卵して木を枯らす被害が相次いだ。抵抗性を持つ品種の開発や、天敵利用が行われたが、60年代から、中国や韓国産の安価な栗が大量に輸入された、という。

さらに府内では近年、農家の高齢化による後継者不足や老木化が課題で府は栗の栽培研修会や兵庫県と広域品評会を行うが、減少に歯止めはかからず、丹波くりは貴重な存在になっている。

農薬使わず氷蔵に

丹波くりを守る新たな動きもある。栗は実に卵を産み付けるクリシギゾウムシを駆除するために、従来は農薬による、くん蒸処理が行われてきた。

より安全な栗を出荷しようと、府森林技術センター（京丹波町）主任研究員の小林正秀さん(53)は、マイナス2度の氷蔵庫に3週間置いて卵をふ化させない方法を研究・提案している。小林さんはくん蒸処理を行わない農家やパティシエ、料理人らと「京都丹波栗の会」を2019年7月に発足させた。氷蔵した栗の普及を目指し、栗やマロングラッセの高級感のある統一パッケージづくりを進める。小林さんが方法を指導して、同町坂原の道の駅「和《なごみ》」で10月から地元産の焼き栗を売る取り組みも始める。「獣害、台風、過疎高齢化の影響はあるが、付加価値を高めて丹波くりを残していきたい」と小林さん。［3］

悠久の歴史を持つブランドを復権する取り組みの広がりが求められている。

2 | 1
3 |

1 熟した丹波くりを拾う山内さん（京丹波町市場）
2 丹波くりを使ったモンブランやタルト、ケーキ（京丹波町坂原・菓歩菓歩）
3 焼き栗の作り方を教える小林さん（京丹波町坂原）

祭り 🍙 実りへの感謝 神饌に込め

実りの秋の10月。丹波地方の神社では、祭礼が各地で営まれる。神には神饌《しんせん》として食物を供え、人々は自然の恵みを味わい、収穫に感謝する。

2019年10月13日、南丹市日吉町田原の多治神社では、民俗芸能「カッコスリ」が奉納された。稚児の周りをはかま姿の踊り手が「カッコ」と呼ばれる鼓を持ち、手で擦るような所作をしながら舞う。笛や太鼓が鳴り、歌もある。室町時代の風流囃子《はやし》物の特長を今に伝える。[1]

奉納の前、行事食として社務所で演じ手や祭りの責任者に振る舞われるのが、ワラビの「長和《ながあ》え」と枝付きの黒豆の枝豆、おにぎりなどだ。ワラビを用意した地元の小林敏雄さん(70)は「昔からの保存食で、これがないと祭りはできない」と語る。ワラビは5月に採取し、わらに挟み込んで乾燥させる。9月末に流水に1週間さらして戻す。湯がいて、味噌、さんしょう、唐辛子とあえ、手間を惜しまず作られる。[2]

創意工夫で飾り立て

一方で、ユニークな神饌をささげる祭りもある。南丹市園部町川辺地区の神社4社の神幸祭。19年は台風の影響で実施されなかったが、4社から出た神輿《みこし》が桂川の河畔に集まり、神輿の前に神饌が供えられる。そのうち、同町越方の若宮神社の神饌は、米飯を升で形作って真ん中を山にした「升盛《ますもり》」をおけの中心に置く。周囲に三つ「秋の五種」を配置。五種は大根の葉を束ねて円柱を作り、栗、柿、ユズ、ナス、里芋の付いた竹串を刺す。[3]

氏子たちは神輿の前で直会《なおらい》を行う。ゆでた枝付きの枝豆と、盆にのせた南天にすりつぶした米を流し固めた「お白粉餅《しろい》」をさかなに、酒を酌み交わす。

日本生活文化史が専門の原田信男・国士舘大教授は「神饌は、願いごとをする時やお礼として神様にささげる食事。『神人共食』することで神と人間の心が通じ合う。調理された『熟饌《じゅくせん》』が元の形だった。村々が神様の喜ばれるものは何かを考え、創意工夫で飾り立てた」と指摘する。

一方で現在は、多くの神社の神饌は米、酒、餅のほか、調理されていない魚や野菜などの「生《せい》饌《せん》」が一般的だ。原田教授によると、天皇を中心とした神道を重んじる明治国家が統一したという。

先人の暮らし映す

こうした変遷もあった中、「からす田楽」が奉納される川上神社（南丹市美山町樫原）の祭礼ではかつて、直会でサバと米飯を発酵させたなれずしが食されてきた。原田教授は、今も伝わる多治神社のワラビと同様に「古い形の神饌を民衆が残した」と推測する。【4】

からす田楽では他に、境内の小宮に「五菜」と呼ばれる神饌が供えられる。ヤマノイモ科のトコロの根、枝豆、ゴマ、昆布、カブの葉に加え、アオキが箸として添えられる。トコロは他地域の神饌でも用いられ、長寿を想像させるひげ根が多い。地元の山口義喜さん(72)は「以前は山型の米飯の回りに五菜が並んでいた。五菜は神様のおかずだった」と証言する。

神饌は食文化の変化や簡略化で伝承が難しくなっている。原田教授は「村で大切に扱われてきたものが使われ、生活を反映している。保存することは自分の身の回りを形作ってきた歴史を残す大きな意味がある」。

独特な神饌や行事食は自然を畏敬した、先人の暮らしの記憶が刻まれているのかもしれない。

2	1
	3
	4

1　奉納されたカッコスリ（南丹市日吉町田原・多治神社）

2　カッコスリの奉納を前にワラビの長和えや枝豆などを食する氏子たち
（南丹市日吉町田原・多治神社）

3　若宮神社の神饌（南丹市園部町越方）

4　からす田楽で、小宮に供えられた五菜（南丹市美山町樫原）

マツタケ　山と人　関係映す〝高値の花〟

急勾配の山道を登ると、手のひらサイズの見事な「キノコの王様」が待っていた。アカマツが生える亀岡市宮前町の山林。南丹市八木町の料亭「八光館」の寺田憲司専務(33)のマツタケ狩りに同行した。[1]

マツタケ菌はマツの根に感染し、シロと呼ばれる塊をつくる。そのシロが胞子を飛ばす「花」にあたるのがマツタケだ。寺田専務が慎重に引き抜くとかぐわしい香りが漂う。寺田専務は「今年（2019年）は発生が2〜3週間遅く、出ないかと思った。丹波産は軸がどっしりして香り高い。見つけた時の喜びは大きい」。八光館では丹波産の焼きマツタケが目玉のコースを提供。3万円以上するが東京など全国から食事客が訪れる。一方で府内産のマツタケ生産量は1930年に全国1位の944トンを記録したが減少が続き、2018年は1・4トンに激減。同館では長野県産や中国産も扱う。全国では、消費の9割以上が輸入物だ。[2]

寺田弘和社長(62)は昭和40〜50年代の八木町の光景を懐かしむ。秋になると、マツタケを求める行楽客で八木駅はにぎわった。「京都市内から芸妓を連れて来られる方もいて、山で宴会をした。園部や日吉に問屋があり、贈り物に使われた」と振り返る。

地元の八木町南地区自治会の山林では毎秋に山の入札があり、自治会に約500万円の収入があったという。寺田社長は「道の修繕や運動会に充てていた。農家も自分の山にとりにいき、みんながほくほくだった」と語る。

山間部の美山町今宮地区もかつてマツタケの名産地だった。住民が交代で取りに行き、個人や区の所有にかかわらず、採れたマツタケの収益を住民に分配した。自宅が集荷場になっていた大秦正一さん(85)は「子どもの頃の弁当はマツタケご飯ばっかり。保存食として味噌漬けもあった」

と振り返る。今では今宮区、八木町南地区とも、マツタケはほとんど出ないという。

痩せて乾燥した土地を好むアカマツ林はそもそも人間の手で誕生した。丹波では平安京造営時に桂川の水運を使って木材が運ばれ、流域は都を支える建材や燃料の供給地だった。植生史が専門の小椋純一・京都精華大教授は「古来、京都周辺の山は伐採されすぎて回復できず、はげ山ができた。そこはアカマツが増えやすい環境だった」と指摘する。さらに「江戸時代初期に、はげ山はピークを迎え、山の土砂流出を防ぐためにもアカマツが植えられた」と説明する。亀岡市や八木町では土砂流出対策をした記録や京都町奉行所からの通知が残る。

燃料革命、松枯れ影響

しかし、戦後になると、マツタケは激減した。その要因は燃料革命と松枯れのまん延だ。マツタケは山林に腐った落ち葉が堆積し、日当たりや風通しが悪いと発生量が減る。１９６０年代の石油やガスの普及で、薪《まき》や落ち葉が使われなくなると、成育に適した環境が少なくなった。山は放置されてマツも老齢化した。北米から侵入した昆虫を媒介にしたマツノザイセンチュウによる松枯れが70年代には深刻化した。

府は森林技術センター（京丹波町）が栽培研究を続けている。マツ山の雑木を切って風通しを良くし、腐った落ち葉を除去すると、マツタケは増えるという結果は分かったが、人工栽培の方法は確立していない。[3]

藤田徹主任研究員(58)は「野菜にたとえるなら、種をまいて芽がでるまではできたが、育って収穫するまでは至っていない。シロで菌を感染させた苗を移植し、生やす実験をしている。分かっていない生態もあって、最後の一歩が出ていない」。

山と人の関係の変化とともに激減した神秘のキノコ。人工栽培による起死回生に期待がかかる。

2 | 1
3 |

1　大きなマツタケを見せる寺田専務（亀岡市宮前町）

2　1931年に撮影されたというマツタケ狩りの様子（亀岡市）＝個人蔵、亀岡市文化資料館提供

3　京都府の研究林で土の中から顔を出したマツタケ（左下）＝京丹波町坂井

給食 子どもと地域の未来育む

ランチルームに食欲をそそるカレーの香りが漂う。南丹市美山町の美山中。この日の給食のメインは地元で捕れたシカ肉を使い、ルーから調理員が手作りした「森の恵みのまろやかカレー」。ほかほかの地元産のキヌヒカリに「美山牛乳」も付く。生徒は手を合わせて古里の幸を味わった。3年齋藤空人さん⒂は「レストランより給食のほうがおいしい。食べ残したことはありません」と話した。隣接する調理場で作られる給食は伝統食のとち餅のほか、サケのチャンチャン焼きやみそカツなどの全国の郷土食も紹介する。［1］

同中はバス通学の生徒がほとんどで徒歩が少ないため、肥満につながらないように食事のカロリーを全国基準より低く設定し、健康管理に役立てている。栄養教諭の古谷佳世さん(27)は「家庭の食事を補うことを意識し、カルシウムや鉄分を含む食材を積極的に取り入れる。季節で変わる地元の野菜で何ができるか、考えている」と話す。明田忠弘校長(56)は「生徒は給食を準備することで生活力や食べ物への感謝の気持ちを感じている。毎日が食育の場」。

貧困や戦争影響

給食は令和の現在までさまざまな変遷があった。1889（明治22）年に貧困の児童を教育する山形県鶴岡市の私立学校で行われたのが日本での始まりとされる。1923（大正12）年の関東大震災や凶作を機に重要性への認識が高まり、32年に学校給食への国の補助が始まった。戦後は連合国軍総司令部（GHQ）のもとで再開され、輸入の脱脂粉乳や小麦粉のパンが中心だった。それでも子どもたちの飢えをしのぎ、日本人の食生活に影響を与えた。

美山町の旧鶴ケ岡小では53（昭和28）年の台風水害をきっかけにパン給食が開始された。自宅が半壊した諫本吉直さん(72)＝同町豊郷＝は「パンにバターやキャラメルが出た。お昼になると脱脂粉乳を炊く、匂いが漂った。グミのような栄養剤の肝油やクジラの煮物もあった」と懐かしむ。

米の生産過剰が問題化し、米飯給食が60年代から広がった。調理も各学校で作る自校方式から、コストが安い複数の学校をまかなうセンター方式が導入された。亀岡市では79年に学校給食センター（千代川町）が設立され、現在は委託業者が市内全18小学校の1日約５２００食を作る。保護者の給食費の負担を考慮しながら地元産の野菜を年間15％使い、ブランド野菜の賀茂なすや万願寺とうがらしの献立も出す。週４日は亀岡産キヌヒカリの米飯で、年間55トンが消費される。［2］

温暖化でどう変化？

２０１９年11月３日に同市千歳町のＫＩＲＩＣＡＦＥであった「かめおか農マルシェ」。同市の給食に有機野菜を導入する可能性について、研究者や農家らが課題や他市事例を議論した。企画した食農社会・倫理を研究する秋津元輝・京都大教授は「給食は個人の食を変化させる入り口になる。有機野菜を子どもが平等に食べる環境をつくることで、ひかれて住もうという人も出てくるだろう」と指摘する。

会場には２０７０年の給食として、地球温暖化の深刻度や国際貿易の依存度で４パターンに分けた食品サンプルが展示された。総合地球環境学研究所（京都市北区）の持続可能な食と農に転換するプロジェクト「ＦＥＡＳＴ」の一環。温暖化が悪化する中で輸入に頼らず国内生産で食材をまかなうパターンでは、果樹の受粉を助けるミツバチが全滅し、輸入飼料に頼る畜産は成り立たなくなる。そのため、動物性のタンパク源は高温耐性のある昆虫が使われるとされた。イナゴの粉末を使った豆腐ステーキや京都産のバナナが給食として並んだ。［3］

子どもを飢えから救ってきた給食は社会と連動し、地域の未来を創る可能性がある。

1

2 3

1 シカ肉の入ったカレーの給食を食べる生徒たち（南丹市美山町・美山中）

2 亀岡市内の全小学校の給食をつくる学校給食センター（同市千代川町）

3 2070年の給食の事例として紹介された食品サンプル（亀岡市千歳町・KIRICAFE）

小豆　手間と工夫　和菓子の主役

和菓子に欠かせない小豆。亀岡市馬路町の畑で2019年11月15日、若者がにぎやかに、小豆の詰まった鞘《さや》を手作業で収穫していた。同年4月に開設された京都府立大文学部和食文化学科1年生36人が和食の原料生産の現場を授業で訪ねた。藤森天寧さん(18)は「あんこを作ったことはありました。小豆の実が鞘に乾燥した状態で入っていて一つ一つ手作業で取ることに驚いた」。[1]

京都と兵庫にまたがる丹波地方産の「丹波大納言小豆」は大粒で珍重されてきた。切腹の習慣のない公家の官位の「大納言」から名付けられたとの説があり、赤飯やあんにしても「腹割れしない」とされる。中でも、馬路町産の「馬路大納言」は高値で取引され、俵型で皮が柔らかい。京都市内の和菓子の老舗などで、粒あんとして使用されている。

幻の「馬路大納言」

馬路町の住民は2008年から在来品種の種を守ろうと「馬路大納言活性化委員会」を立ち上げて生産振興を図ってきた。会長の畑博さん(72)は「日本一の小豆で種は門外不出。生産量が少ないため、幻の小豆と呼ばれる。特に石灰岩の山からの水が流れていた場所においしい小豆ができる」と説明する。[2]

小豆は和菓子だけでなく、年中行事にも重宝される。8世紀に編さんされた古事記にも殺された神から生成された穀物として小豆が上がっている。古来、小豆の「赤色」は神聖視され、邪気をはらうとされてきた。祝い事には、小豆を使った赤飯を炊く習慣が一般的になっている。

家庭の味に欠かせず

亀岡に伝わる行事食では1月の小正月の「小豆粥」に始まり、5月の「ヨウカビ」にはサルトリイバラの葉で包んだ団子、6月にはういろうに小豆をのせた「水無月」、稲作の作業の節目にぼた餅を食べる。馬路町在住で伝統食を実践する人見博子さん(72)は「小豆は家庭の味に欠かせない」と語る。

ただ、栽培には手間がかかる。7月の種まき後、夏場に土寄せや病害虫の消毒作業をこなし、秋に手取りで収穫する。加えて豊凶の差が激しく農家の高齢化もあって、府内の小豆生産量は減少傾向だが、作付け面積は全国の約8割を占める北海道、兵庫県に続いて3番目と下げ止まっている。

その小豆栽培を支えているのが機械化だ。府農林センター(亀岡市余部町)を中心に機械化栽培の研究を行っており、府内の農業法人や営農組合が機械化を進めている。代表事例が馬路町に隣接する河原林町の取り組みだ。農事組合法人「河原林」は大麦、小麦、小豆の転作栽培を実践し、今年の小豆の栽培は約40ヘクタールに及ぶ。機械で種まきをし、コンバインで収穫する。一斉収穫のために熟度にばらつきが出るが、色彩選別機にかけて、えりすぐった高品質の「丹波大納言小豆」を量産している。

同組合の事務所の隣には小豆の和洋菓子を作る「あずきの里」が入る。社長で菓子職人の藤田幸雄さん(52)が、2014年に同市三宅町から店舗を移した。藤田さんは「小豆は和菓子の主原料。良質な小豆を地元でたく『地産地製』をしようと移ってきた。生産者からの直接取引で、市場に出回る前の『旬』の小豆を使った商品ができる。炊き上がりは柔らかく、香りが強い」と説明する。和菓子にならない小粒などの小豆は、焙煎後にお茶にして有効活用を図っている。[3]

最高品質の丹波産小豆。手間を掛け、工夫を凝らし、守られてゆく。

2 | 1 / 3

1　小豆を収穫する府立大の学生たち（亀岡市馬路町）

2　幻の小豆とされる馬路大納言（同市馬路町）

3　和菓子の材料になる地元産の小豆を見せる藤田さん（同市河原林町）

マクロビオティック　飽食の時代問う穀物菜食

土鍋で炊いた玄米、輪切りの大根を揚げたカツ、皮もそのままのカブのみそ汁、すりおろした柿を甘みにした葉物野菜のターサイやサトイモの炒め物…。亀岡市宮前町の精神障害者が通う就労支援・生活訓練施設「ヴィレッジれん」では、昼食と夕食づくりをスタッフと利用者が一緒になって取り組む。2階建て民家を活用した施設に湯気が立ちこめ、食欲をそそる香りが満ちる。〔1〕

「陰陽」のバランス

献立は「食養」とも呼ばれる食事長寿法「マクロビオティック」に基づく。肉や魚などの動物性の食品を使わず、玄米を主食に近隣の農家などから仕入れた無農薬の野菜でおかずをつくる。この日のだしもマコモの葉っぱやシイタケ、昆布から取る。砂糖や化学調味料を使用せず、食品添加物を加えていない調味料にこだわる。

同施設管理者の物江克男さん(71)は「利用者の多くが発達障害の方たちでアレルギーやアトピーを持っている。アレルギーの専門医とも連携しつつ、食事を大事にすることで体が楽になる。処方薬の量も徐々に減り、便秘や糖尿病もよくなって人当たりも柔らかくなっていく」と語る。

2016年2月から始まったヴィレッジれん。物江さんは「365日の食事で利用者の変化を実感している。イタリアでは精神科病院は廃止されており、支援さえあれば地域で暮らせる」。

マクロビは京都市出身の桜沢如一（1893～1966年）が提唱した。桜沢は19歳の時、陸軍薬剤監などを務めた石塚左玄（1851～1909年）の伝統食を中心にした食養法で健康を回復した経験から、研究を進めて発展。食材や体質などを「陰陽」でとらえ、穀物菜食の食事でバランスを整えるのが特徴で、西洋のカロリー栄養学とは考え方が根本的に異なる。

ヴィレッジれんの食事を指導した西本方さん(65)＝南丹市園部町宍人＝は、野草料理研究家若杉友子さんが綾部市で開いていた料理教室に通い、桜沢の理論を根底にした調理を学んだ。西本さんは「日本人が昔、食べていた物が基本となる。陽性は体を温め、締める力。陰性は体を冷やし、緩む力。暑い夏に採れる野菜は陰性で、旬の食材を食べると体が整う」と説明する。[2]

西本さんは園部町本町のコミュニティーカフェ「Ｃｏｃｏ《ココ》 Ｃａｎ《カン》」で２０１９年11月から「草庵・もったいない食堂」を毎週日曜日に始め、無農薬の食材を使った料理や考え方を伝えている。

海外でブーム、逆輸入

「マクロビオティック」は桜沢が海外で普及する際に使い、古代ギリシャ語が語源の言葉。海外では歌手マドンナさんのほか、ハリウッドスターの間でも人気となり、ブームを受けて近年になって日本に逆輸入された。

東日本大震災をきっかけに福島県から京丹波町高岡に移住したマクロビ研究家橋本宙八さん(72)。約40年前からマクロビを実践して同町だけでなく、オーストラリアやヨーロッパなどで講座を開いてきた。講座では農薬や化学肥料を使わない食材を使い、玄米、みそ汁、たくあんなどの一汁一菜の食事を時間を掛けてよくかむ。体調改善やダイエットなどを求めて、さまざまな国の人が参加する。橋本さんは「現代人は食べ過ぎて、体が重く、胃腸がくたびれがち。マクロビはわずかな食事でも体をしっかりと動かすことができ、医者いらず」と説明。日本の食生活について「欧米化し、ファストフードやジャンクフードを食べておかしくなっている。もう一度、簡素な日本食を見直し、オーガニックな農業を広げてほしい」と願う。[3]

マクロビの穀物菜食は「飽食の時代」の現代日本の食卓に問いを投げかけている。

3	1
	2

1　野菜や玄米を料理するヴィレッジれんの利用者やスタッフ（亀岡市宮前町）
2　玄米や野菜を使った食堂を日曜限定で開いている西本さん（南丹市園部町本町・Coco Can）
3　自家製の梅干しやラッキョウを前に海外での講座について語る橋本さん（京丹波町高岡）

シカ肉　山を豊かに　おいしく調理

２匹の猟犬を山中に放つ。首輪が発信する位置情報を見ながら、猟師３人が車で移動し、それぞれの場所で待機する。しばらくすると、追い駆けられたシカが川に姿を現した。ズドーン。山あいに銃声が響いた。南丹市美山町田歌でジビエ（野生鳥獣肉）の販売や農業、アウトドアツアーを展開する「田歌舎」の猟に同行した。猟銃を撃った猟師高橋大介さん(28)は東京のＩＴ企業から自給自足の暮らしに憧れて転職。「命を懸けて狩猟をし、動物も本気で逃げる。生き物として命をいただき、食べることはこういうことなんだと思う」[1]

無駄にしてはならない

猟師や農家を志す若者が集まる田歌舎では猟期の11月から3月にシカやイノシシを捕獲し、京都市の飲食店や地元の道の駅などに出荷。予約制のレストランも営み、脂がのっていない時期のシカでもおいしく食べられるよう工夫した、ミンチ肉にピクルスを混ぜて焼く「シカカバブ」を味わえる。代表の藤原誉さん(47)は大阪府枚方市から移住し、30歳から本格的に狩猟を始めた。藤原さんは「当時はジビエという言葉は聞かれず、シカはほとんどの部分が捨てられていた。命を無駄にしてはならないと、食肉販売に取り組み始めた」と振り返る。[2]

生息過剰　多様性に危機

府の鳥獣管理計画によると、森林面積から試算したシカの適正生息数は1万～1万7千頭だが、２０１５年度の府内の生息数は8万1千～9万1千頭と推定されている。人工林やまきを利用してきた里山が放置され、耕作放棄地が増加。シカは過疎が進む人里に出やすくなり、農作物を食い荒らす。山では下草を食べ尽くし、生物多様性に危機をもたらしている。

藤原さんは「山の中は以前はうっそうとしたやぶだったが、シカに食べ尽くされて近年はひどい状況だ。植物が無くなれば虫も無くなり、それを食べる鳥もいなくなる。豊かな森に回復するためにシカは捕らないといけないし、山が良くなれば、シカも人里に用事が無くなるだろう」。

府は21年度に生息数の半減を掲げ、捕獲を推進する。府内の捕獲数は１９９８年度には３５５１頭だったが、２０１８年度は約２万頭に達している。ジビエとして活用しようと、府は府中北部でジビエのメニューを提供する店舗を紹介する「森の京都ジビエフェア」を実施して消費拡大を図る。和洋食などの56店舗が参加する中、亀岡市追分町のレストラン「Ａｍｏｕｒ《アムール》」ではジビエのコース料理を提供。シカ肉のパイ包み焼きやパスタ、イノシシのパテなどが味わえる。オーナーシェフ小林芳明さん(54)は「フレンチではジビエはメジャーな存在。シカ肉は臭みもなく、あっさりとやわらかくておいしい。赤ワインにも合い、一度食べてもらったら良さは分かってもらえる」。[3]

味にひかれて若者移住

シカの味にひかれて移住した若者もいる。南丹市美山町又林の寺井花子さん(30)は同町で食べたシカの味に感動。「自分で捕ったら食べられるのかな」。城陽市出身で、２０１３年に同町に移住して猟師になった。さらに京都市内でシカ肉を使った料理教室の講師を務め、食のイベントに薫製やスープなどで出店している。寺井さんは「シカは低温でじっくり焼くのが定番の食べ方だけど、牛肉の赤身と同じようにチンジャオロースや巻きずし、薫製も作れる。すね肉の煮込みもおいしい。山の恵みで人生を豊かに。山に入ることがあたり前の暮らしがもっと広がってほしい」と願う。[4]
シカをおいしくいただいて、山や農地を守る一石二鳥の取り組み。「山の幸」を食べない手はない。

1

2 3 4

1 猟銃を持ち、シカが通るのを待つ高橋さん（南丹市美山町）

2 田歌舎で提供されている「シカカバブ」

3 シカ肉のパイ包み焼きやイノシシ肉のパテを提供する「Amour」（亀岡市追分町）

4 イベントでシカの薫製やスープを出店する寺井さん（亀岡市千歳町）

味噌・醤油 ♦ 微生物が醸す 和食のベース

蔵に並ぶ木桶《きおけ》の中では、目に見えない微生物たちが働いている。伝統製法で味噌《みそ》造りをする亀岡市大井町の「片山商店」。造る味噌は大豆、米、塩が原料。蒸した米に麹菌《こうじ》を振りかけて麹を造り、炊いた大豆と混ぜて木桶の中で、自然発酵させる。片山秋雄社長(82)は「味噌は日差しが差し込むと動き出す、生き物ですわ。霧の深い気候風土に合わせてゆっくり発酵させれば、香りが優れ、おいしくなる」。[1]

福井県出身の片山さんは京都市内で修業し、1967年に亀岡で独立。自家製の米麹と大豆の割合の違いで、1～2カ月で仕上げる甘口の白味噌と、約1年熟成させる米味噌を中心に製造する。府内では白味噌は正月用の雑煮に使われるため、息子で専務の宏司さん(51)は「1年の初めに食べる縁起物なので失敗は許されない。身が引き締まる思いで仕込む」と語る。

千年以上続く発酵食

味噌の歴史は深い。中国・朝鮮半島から伝わった説があり、飛鳥時代の701年の「大宝律令」に味噌の原形と考えられる「未醤《みしょう》」の記載がある。中世には味噌汁が飲まれるようになり、貴重なタンパク源として重宝された。農家では自家製の味噌が造られ、東北・関東では、信州と同じような辛口の米味噌、東海地方では大豆だけで造る豆味噌、九州では麦味噌もあり、料理の味付けの地域性を特徴づける。宏司さんは「味噌造りは千年以上続いており、体にいい発酵食。食べる習慣がもっと広がって」と願う。

味噌と並び、和食に欠かせない発酵を利用した調味料が醤油《しょうゆ》だ。幕末の1867（慶応3）年創業の亀岡市突抜町の「難波醤油醸造」も伝統製法を守る。醤油は大豆と小麦で麹を造り、塩水に入れて発酵させる。社長の難波清造さん(71)は「水が良く、大豆の産地だった亀岡の醤油は京の台所を支えた。関西はほんのりした甘口、関東は辛口、九州は甘口を好み、土地の人の趣向に合わせて造る。日本は食の多様化で消費量は減るが、海外では和食ブームで需要が高まっており、うま味や複雑な香りは中華や洋食にも使える」と説明する。仕込みは木桶にこだわり、1年以上、発酵。できたもろみの状態を見ながら櫂《かい》で混ぜる。もろみを袋で搾って醤油を造る。「木桶や梁《はり》に住み着いている蔵付き酵母は味に重要な役割を果たす。微生物が働いてくれる環境をつくるのが仕事。夏は旺盛に、冬は緩やかに発酵することで味に深みがでる」と誇る。[2]

家庭でも造れる

家庭で醤油を造る動きもある。2020年1月22日、南丹市美山町の美山保健福祉センターで開かれたワークショップで、参加者はガラス瓶に塩を溶かし、醤油麹を入れて混ぜた。醤油麹は有機栽培の国産大豆にこだわる兵庫県養父市の「大徳醤油」が用意した。浄慶拓志社長(40)は参加者にこう語りかけた。「激安で売られている醤油の中には海外の遺伝子組み換えや油をとった後の残りかすの大豆で造られ、温度管理をして微生物を強制労働させて短期間で発酵したものがある。みなさんには醤油をかき混ぜて1年、世話をしていただく。こつは子育てと一緒でかまい過ぎても、ほっとき過ぎても駄目」[3]

企画した「美山食と暮らしの研究会」代表の中島舞さん(33)＝美山町＝は「調味料も生産者の顔の見えるものを口にしたい。何でも買うのではなくて自分でも造れることを知ってほしい」と語る。

微生物が、風土に合わせて、じっくりと醸すのが本物の味噌と醤油。丹精込めた和食のベースが、丹波には息づいていた。

1	
3	2

1 片山商店の蔵の木桶で熟成中の味噌（亀岡市千代川町）
2 醤油のもろみを櫂でまぜる難波さん（亀岡市突抜町・難波醤油醸造）
3 塩水に醤油麹を入れて混ぜ、醤油を仕込む参加者ら（南丹市美山町）

豆腐・湯葉 ◇ 貴重な地場産の豆 強みに

夜明け前。京丹波町大倉の「小畑商店」。加工場の水槽の木の板にぷかぷかと浮いた豆腐の塊を、店主の小畑徹さん(37)が包丁で次々と切り分けていく。豆腐は白ではなく、黒みがかっている。同町特産の黒豆と丹波産の大豆からできた高級豆腐だ。[1]

豆腐は大豆をペースト状にし、おからと豆乳に分け、豆乳に凝固剤を入れて固めて作る。できた豆腐は午前中に地元のスーパーや道の駅などに配達する。

小畑さんは「黒豆豆腐は地場産の材料を使い、豆の味がしっかりとする。インターネットで何でも購入できる時代だけど、ここに来ないと買えない商品があってもいい」。

精進料理で広がり

「日本料理の歴史」(熊倉功夫氏著)によると、豆腐は鎌倉時代に始まった臨済宗や曹洞宗の禅僧を通して日本に広まり、肉や魚を使わない精進料理に使われた。江戸時代には京の名物として豆腐が挙がり、当時から味噌《みそ》を塗った田楽や湯豆腐の人気店があったという。

豆腐と同じく豆乳からできる湯葉も寺院の多い京都で発展した。湯葉を製造する南丹市美山町又林の「ゆう豆」では、代表の太田雄介さん(41)が豆乳に張った膜を次々に串ですくい上げていた。

同町出身の太田さんは修業後の2006年に独立。近隣農家に呼び掛けて栽培する地元産の大豆を中心に使う。太田さんは「京都を訪れる観光客は京都のものを食べたいと考える。需要は高い」と説明する。京都市東山区で湯葉料理の専門店も運営し、くみ上げた湯葉に美山町産の卵黄をのせる「ゆばめし」が名物となっている。[2]

両店舗が地場産の材料にこだわる一方で、大豆の国内食料自給率は6%(2018年度)と低い。大豆は豆腐や醤油《しょうゆ》の原材料だけでなく、工業用や料理用の大豆油、飼料として使われる。320万トンの輸入のうち、7割を米国に頼る。同国では近年、除草剤などに耐性がある遺伝子組み換え大豆が9割を占め、広大な農地で機械化栽培が行われている。

戦後、米国産に依存

「大豆と人間の歴史」（クリスティン・デュボワ著）によると、米国で大豆は家畜の飼料や土壌の緑肥に利用されてきたが、第2次世界大戦を契機に大豆油や肉の代用品として大量に生産されるようになった。一方で戦前の日本は中国東北部の満州の大豆に依存してきた。戦後、食料難の日本は米国からの輸入に頼るようになった。

大正時代創業の大豆問屋「北尾吉三郎商店」（京都市右京区）の北尾吉太郎会長(93)は「戦後、米国から運ばれた大豆を神戸の港で、ほこりにまみれながら選別した。輸入大豆が豆腐を支えてきた」と振り返る。同社は京都産を扱ってきたが、約30年前から農家が値段が高い黒豆や小豆に栽培を切り替えた。「そもそも日本で大豆は田んぼの畦《あぜ》に植えられて採算性が低かった。和食の元祖の京都に大豆が無いのはよくない」。京都産の大豆の栽培を、府内の農家や関係機関に頼んで回ったものの断られた。

「自分たちでやるしかない」

農業法人を自社で立ち上げて16年から南丹市八木町で栽培を始めた。品種は北尾さんがかつて満州で見た大豆に似た大粒の品種「オオツル」にこだわった。19年は亀岡市を含めて33ヘクタールに栽培が広がり、小畑商店のほかに豆腐や湯葉、味噌などの京都の老舗が使っている。[3]

京都産の大豆を復活させ、京都ブランドを生かして豆腐や湯葉を売る。遺伝子組み換え作物の安全性が問われる中、地産地消の重要性は増している。

2 | 1
3 |

1　水槽で黒豆豆腐を包丁で切り分け、仕上げる小畑さん（京丹波町大倉・小畑商店）
2　豆乳に張った膜の湯葉をすくい上げる太田さん（南丹市美山町又林）
3　南丹市で収穫した大粒のオオツルを見つめる北尾さん（京都市右京区）

牛肉　誉れ高く海外へ前進

鉄板の上で亀岡牛のステーキがジュウジュウと音を立てる。肉を口に含むとやわらかく、溶けるような感覚。亀岡市篠町のレストラン「牛楽」。併設する亀岡牛専門店「木曽精肉店」社長の木曽則雄さん(78)は「亀岡のおいしい水で育てられた牛は食べたら甘みがふわっと出てくる。寒暖の差で身も引き締まる」と説明する。【1】

亀岡牛は黒毛和種で市食肉センター（三宅町）で処理され、処理からさかのぼり14カ月以上、市内で育てられた―と定義される。6戸の肥育農家が約800頭を飼育している。

木曽さんは「昔、牛は田をすき、山の木を切り出すのに使われ、一番の宝物だった。家の目立つ所に牛舎があった」と振り返る。亀岡では戦後、牛に代わる農業機械の普及で専門に和牛を飼う肥育農家に集約されていったと振り返る。

農耕と関連し禁止

農耕と関連して牛肉食は、かつての日本では一般的でなかった。「歴史のなかの米と肉」（原田信男著）によると、稲作などの農業のため、675年、天武天皇の時に、牛、馬などの肉食を禁じる法令が出され、殺生を禁じる仏教も影響して肉食が次第に遠ざけられた。明治時代に入って宮中で肉食が解禁されると、文明開化の波に乗って、牛鍋や洋食が広まった、という。

現在は松阪牛、神戸牛、近江牛などブランド牛がしのぎを削る。1980年代にブランド化された亀岡牛は2019年の「近畿東海北陸連合肉牛共進会」の去勢牛で生産者が最優秀賞に輝いた。木曽さんは「農家が愛着を持って育てた牛は、他の産地に負けない」と誇る。

亀岡市内では飲食店が亀岡牛を使ったメニューを出し、観光誘客にも貢献している。

赤身着目や長期肥育

府によると、亀岡市、南丹市、京丹波町の和牛肥育農家は16戸で、府内の約7割を占め、各農家が個性を競う。京丹波町須知の食肉販売業「いづつ屋」は、全国各地の産地から選んだ、細かなさしが入った赤身肉を「絹赤」として全面に打ち出す。[2]

京都市内に焼き肉とステーキを出す飲食店を経営する経験からたどり着いた結論といい、岩﨑栄喜雄社長(62)は「霜降りが良質な肉の常識だったが高齢化社会に入る中、霜降りは脂っぽくて多く食べられないとの声を聞いた。赤身は食べ応えがあり、うま味も十分」と説明する。

同町内にある自社牧場ではきめ細やかな肉質の雌牛にこだわり、高度な衛生管理を行う「農場HACCP《ハサップ》」の認証を受けて海外輸出も見据える。

すでに世界でブームになっている和牛を輸出している牧場もある。南丹市八木町屋賀の「京都丹波牧場」は2015年、京都府の輸出用ブランド「Kyoto Beef 雅《みやび》」としてシンガポールに、19年は京都市中央食肉市場(南区)からタイに出荷。現在はイタリアにも輸出している。

こだわりは通常より半年ほど長い月齢30~38カ月まで育てる。おがくずを敷くなど、牛にストレスをかけない環境を整え、自社で配合した稲わらや穀物を与える。社長の平井和恵さん(35)は「肉が生きながらにして熟成し、脂の融点が下がり、胃にもたれない。さしの入った肉ができ、どこの部位を食べてもおいしくなる」。[3]

ただ、新型コロナウイルス感染拡大の影響で京都市内のインバウンド(訪日外国人客)が激減。その影響もあって同市場での枝肉の価格が下がっている。同市場は米国向けの輸出の施設認定も受けたことから「米国にも販路を広げないと」と考える。

国内外の事情に左右されながらも丹波の「宝」の牛は国境を越えて愛されようとしている。

2 | 1
3

1　亀岡牛のステーキを紹介する木曽さん（亀岡市篠町・「牛楽」）
2　赤身肉を売り出す「いづつ屋」の牛肉（京丹波町須知）
3　世界に輸出している和牛と平井さん（南丹市八木町屋賀）

新たな担い手　持続可能な「小農」芽吹く

勾玉《まがたま》状の島根県の伝統野菜・津田かぶ、福岡県の雑煮には欠かせないカツオ菜、ワサビ菜、ニンジン、ネギ…。

亀岡市篠町の「かたもとオーガニックファーム」のビニールハウスや畑には、年間70品目以上という多様な野菜が育つ。畝と畝の間には落ち葉が敷き詰められている。農場を切り盛りする片本満大さん(41)は「いろんな野菜を植えるとそれぞれに来る虫が異なるので大量発生を防げる。落ち葉は腐葉土となり、野菜に有益な微生物の活動を助ける」。【1】

大阪府出身の片本さんは亀岡市に暮らしながらバイク販売会社に勤めていたが、２０１８年に本格的に農業を始めた新規就農者だ。農薬や化学肥料を使わない自然農法にこだわる。「ゆっくり大きくなり、根も張るので味が濃い野菜ができる。健康にいいものを近隣や同世代の人たちに届けたい」と意気込む。野菜はセットにして顧客に宅送。消費者に畑で野菜を収穫してもらって販売もしている。「料理人も食材探しに畑を訪れる。おいしいと言われると、もっと、ええもん作ろうと思う。農業は楽しいですよ」

全国の農業就業人口は10年の２６０万人から減少が続き、19年は１６８万人で65歳以上が７割。一方で新規就農者は横ばいで18年は５・５万人、49歳以下は34％にとどまる。

無農薬野菜を届ける

会社で働きながら、新たな農業の形を模索する若者もいる。京丹波町保井谷の野村幸司さん(26)はハウスで無農薬のラディッシュやホウレンソウを中心に育てている。無農薬の農産物などの卸売り「坂ノ途中」（京都市）で働きながら、種まきなどをして、祖父と母親が出荷作業を担当する家族農業を営む。野村さんは「地元の小学校が廃校になり、高齢化が進みすぎて今、手を打っておかないとやばいと感じる。農村を維持するにはどうしたらいいのかを考えると農業となった。栽培品目は管理しやすいものに絞り、特に1カ月で収穫できるラディッシュは飲食店の需要が高く、かわいい。収穫量や作業の効率がよく、将来、このあたりが産地になれば」。[2]

坂ノ途中では、生産者と八百屋がオーガニックな野菜を受発注できるインターネットサービス「ｆａｒｍＯ《ファーモ》」の運営に携わる。府北中部の農家の野菜を集荷して京都市内の八百屋に届ける「京都オーガニックアクション協議会」にも参加し、自宅は野菜の共同物流便の集荷地点になっている。野村さんは「無農薬の野菜を求める方の裾野が広がってきた。『農業いけてるやん』と思う若者を増やしたい」と思い描く。

国連が支援宣言採択

2人のような小規模農家「小農」や家族農業に注目が集まっている。国際連合は19〜28年を「家族農業の10年」と設定し、18年には「小農と農村で働く人々の権利に関する国連宣言」を採択。世界の農業の9割を占める家族農業の再評価と支援が進む。

日本も家族農業が農業経営体の97%（19年）を占める。京都市右京区京北地域で有機農業を営み、京都大大学院で小農を研究する松平尚也さん(45)は「政府は大規模農業・企業向けの支援を強化しているが、小農が使えるメニューが少なく、支える取り組みが遅れている」と指摘。「小農は地域を熟知し、環境保全の役割も担っており、ＳＤＧｓ（持続可能な開発目標）の観点からも重要。有機農業も先進国の中で進んでおらず、生物多様性を守り、持続可能な農業を進める必要がある」

世界の春風を受け、丹波の小農がさらに芽吹くことが期待される。

1
2

1　カツオ菜やワサビ菜など多様な野菜が育つハウスで農作業をする片本さん（亀岡市篠町）
2　無農薬栽培のラディッシュを見せる野村さん（京丹波町保井谷）

あとがき

私たちの命をつないでいる食べ物を生み出す農業。大切な産業にもかかわらず、担い手の高齢化は進み、獣害は深刻と、暗い話題ばかり。農業の魅力や歴史を伝えられる記事を書きたいと記者生活の中で思っていた。２０１８年4月に農業が盛んな南丹支局に赴任した。1カ月に2回のペースで日本人の主食の米を巡る連載「丹波訪米記」を始め、野菜や魚、畜産物などにもテーマを広げて「丹波訪食記」として、舞鶴支局に転勤するまで2年間、連載を続けた。

栗、マツタケ、アユ、京野菜…。取材した南丹市、亀岡市、京丹波町の自然の恵みは、丹波ブランドとして全国に名をとどろかせてきた。米に関係する伝統行事も残っており、独特の食文化が根づいていた。大規模農業だけでなく、農薬や化学肥料を使わない有機農業を実践する移住者にも出会った。取材テーマに事欠かなかった。本書が都市の食を支え、兵庫県にまたがる丹波の多様な農業や食を知る一端となり、担い手が少しでも多く現れればと願う。

取材に協力をいただいた生産者や住民、学識経験者の皆様に心からお礼申し上げたい。原稿をみていただいた二松啓紀さん、長尾康行さん、山合了輔さんをはじめ、京都新聞社の同僚の方々、本書刊行にあたり、序文を書いていただいた元上司でもある三谷茂さん、京都新聞出版センター松本直子さん、装丁を担当していただいたスワミカコさんにも感謝申し上げる。

連載の途中から流行が始まった新型コロナウイルスの感染拡大は、都市過密の危うさを浮き彫りにし、海外との交流の遮断は食料自給率のアップや地産地消の大切さを問いかけている。食を支える地方への移住に光があたることを期待して筆をおきたい。

２０２０年10月　　秋田久氏

この本に載っている食品は
どこで買えるの？

『本書に掲載された
生産者さん、販売者さんの
連絡先』

（凡例）

●企業・団体・施設名　（掲載ページ）
▽説明
▽所在地
▽連絡先
▽HPなど
▽ひとことメッセージ

（このデータは2020年９月現在のものです）

丹波訪米記

●農園 negu　（P26）
▽須賀智昭さんの農園
▽南丹市八木町神吉
▽090（6052）5506
▽http://ferme-negu.com/

●道の駅「京都新光悦村」　（P32）
▽園部町農業公社が運営し、園部町産の米を販売
▽南丹市園部町曽我谷
▽0771（68）1100
▽https://ekikouetsu.com/
▽お米と朝どり新鮮野菜がおすすめ！手づくりお寿司も人気です。

●長老酒造　（P35）
▽地元産の酒米を使った日本酒を醸造
▽京丹波町本庄
▽0771（84）0018
▽http://www.chourou.co.jp/
▽とことん京丹波！京丹波生まれ、京丹波そだちの地酒です。

●羽田酒造　（P36）
▽京都産の酒米「祝」で日本酒を醸造
▽京都市右京区京北周山町
▽075（852）0080
▽http://www.hanedashuzo.co.jp/
▽いちおしの「蒼光」は京都産酒米「祝」を磨いて醸し上げた逸品。

●すみや亀峰菴　（P44）
▽おくどさんで炊くご飯が味わえる旅館
▽亀岡市ひえ田野町湯の花温泉
▽0771（22）7722
▽https://www.sumiya.ne.jp/

●山国さきがけセンター　（P48）
▽納豆もちを製造・販売する
▽京都市右京区京北塔町
▽075（853）0572
▽https://keihoku-sakigake.net
▽白いおもちで納豆を包んだ京都・京北の納豆もちです。

●福嶋こうじや　（P54）
▽明治時代から米麹《こうじ》を製造
▽南丹市八木町八木鹿草99
▽0771（42）2251
▽５合（750ｇ）単位で販売。事前に電話にて予約をお願いします。

●やぎ地立計画 （P75）

▽農業体験などに取り組む地域活性化プロジェクト
▽南丹市八木町船枝
▽http://www.nposhinrin.net/yagijiritsu_project/
▽一年を通じた四季折々の農園風景を体験しに来ませんか。

丹波訪食記

●芦生わさび生産組合 （P79）

▽ワサビを育てて商品化を行う
▽美山町芦生
▽090-3868-1017
▽葉わさび醤油漬け、わさび酒糟漬けが人気です。

●料理旅館「鮎茶屋 角屋」 （P84）

▽北大路魯山人が絶賛したアユ料理が楽しめる
▽京丹波町本庄
▽0771（84）0009
▽https://www.ayucyaya-kadoya.com/
▽友釣りの天然鮎のお味は、格別です。

●仕出し弁当「淡路屋」 （P85）

▽かつて駅弁として人気だった鮎寿しを作る
▽南丹市園部町小山東町
▽0771（62）0339
▽http://awajiya.net/
▽お問い合せ・ご予約をお願いします（期間／5月頃から11月頃）。

●大石酒造・美山蔵 （P62）

▽伝統製法を守る酒蔵で直売
▽南丹市美山町南新高瀬
▽0771（77）0007
▽https://www.okinazuru.co.jp/

●美山町自然文化村河鹿荘 （P63）

▽どぶろく「雪しづり」を造る宿泊施設
▽南丹市美山町中下向
▽0771（77）0014
▽http://miyama-kajika.com/
▽ぜひ美山にもお越し下さい。

●民宿みやま （P63）

▽どぶろく「たのし」を造る宿泊施設
▽南丹市美山町長谷
▽0771（75）0535
▽http://minsyuku-miyama.jp/
▽お米の甘みを味わう。お土産に、また宿泊してお食事と楽しむもよし。

●朝日製粉所 （P66）

▽米粉の製造・販売を手がける
▽南丹市八木町八木杉の前40-4
▽0771（42）2327
▽http://www.asahiseifun.com/
▽おすすめは、グルテンフリーの京都産キヌヒカリの米粉うどんです。

●COCO de Planter's （P71）

▽無農薬の米や野菜をつくる児島ひかるさんの農園
▽南丹市園部町船阪
▽https://www.cocodeplanters.com/

●**京都ハバネロの里（篠ファーム）** （P96）
▽ハバネロなどの農園芸卸売り会社
▽京丹波町院内
▽0771（89）1800
▽http://kyoto-habanero.com
▽国内ではじめてハバネロを京都府内で生産。篠ソースは一押し商品です。

●**蛇ノ目ソース本舗廣田本店** （P97）
▽地元野菜を使ったソースをつくる
▽亀岡市篠町篠赤畑14
▽0771（24）3911
▽https://www.janomesauce.com/

●**道の駅京丹波味夢の里** （P97.103）
▽地元産のそばやお料理が味わえ、農産物やオリジナル加工品を販売する道の駅
▽京丹波町曽根
▽0771（89）2310
▽http://ajim.info/
▽京丹波の農産物は濃厚です。田舎グルメもお楽しみ下さい。

●**ウエルカム上野もとしろ** （P102）
▽ソバの栽培も手がけるソバ屋
▽京丹波町上野
▽0771（82）2020
▽http://motoshiro.net/
▽地野菜を使った季節の天ぷらと手打ち十割そばのセットが人気です。

●**美山ふるさと株式会社** （P88）
▽美山牛乳を製造・販売
▽南丹市美山町安掛
▽0771（75）0815
▽https://www.miyamafurusato.com/
▽ジェラートは道の駅ひんやりスイーツ総選挙2020（西日本）２位受賞！

●**ミルクファームすぎやま** （P88）
▽こだわりのモッツアレラチーズを製造
▽京丹波町下山中野
▽0771（83）0282
▽https://www.facebook.com/株式会社ミルクファームすぎやま-523236274451625/

●**湯浅農園** （P93）
▽平飼い卵をつくる養鶏農家
▽南丹市園部町埴生
▽0771（65）0636
▽http://www.yuasa-nouen.com/
▽国産ヒナを国産飼料95％以上で平飼で育てた鶏の卵です。

●**みずほファーム** （P94）
▽卵を直売する養鶏場
▽京丹波町和田（直売所）
▽0771（88）9988
▽https://mizuhofarm.jp/
▽葉酸たっぷりの赤たまご、純国産系さくら鶏のさくらたまごが自慢。

●あずきの里 (P118)
▽和洋菓子を製造、体験工房も
▽亀岡市河原林町河原尻
▽0771(23)3570
▽https://azukinosato.com/

●田歌舎 (P123)
▽シカやイノシシのジビエの販売やレストラン運営
▽南丹市美山町田歌
▽0771(77)0509
▽https://tautasya.jp/

●京丹味噌 片山商店 (P126)
▽木桶でみそを醸造
▽亀岡市大井町並河
▽0771(23)6665
▽http://www.kyotanmiso.jp/
▽昔ながらの製法で、長期熟成した天然醸造みそをご賞味ください。

●㈲難波醤油醸造 (P126)
▽江戸時代末の創業で伝統製法を守るしょうゆ蔵
▽亀岡市突抜町
▽0771(22)0204
▽京ひしほさしみたまりのコクのある風味をご賞味下さい。

●小畑商店 (P129)
▽京丹波町産の黒豆と大豆からつくる豆腐店
▽京丹波町大倉
▽0771(84)0128
▽FAX 0771(84)9004
地元の湧水を使い製造しています。

●犬甘野風土館 季楽 (P103)
▽ソバ栽培を手がける営農組合が運営するソバ屋
▽亀岡市西別院町犬甘野
▽0771(27)2300
▽http://www.inukanno.jp/
▽おすすめは手打ざるそば。食後に甘～いきなこもちはいかがですか。

●菓歩菓歩 (P105)
▽丹波栗を使ったスイーツをつくる
▽京丹波町坂原
▽0771(84)0959
▽https://capocapo.com/
▽山内善継氏の栗のみ使用モンブランを販売(10月中旬～、全国発送も)。

●八光館 (P111)
▽丹波産のマツタケが味わえる料亭
▽南丹市八木町河原31-4
▽0771(42)2221
▽http://hakkoukan.com/
▽京都府産「丹波松茸」は、味・香り日本一の王様です。一度ご賞味を。

●KIRI CAFE (P115)
▽オーガニック野菜の販売やアートイベントを手がけるカフェ
▽亀岡市千歳町毘沙門向畑
▽0771(20)8773
▽https://kiricafe.shopinfo.jp/
▽自家製シロップのドリンクや亀岡産野菜カレーがおすすめです!

●**坂ノ途中** (P135)
▽無農薬・有機栽培など環境負荷の小さな農業の普及を目指し、野菜の通販宅配などを行う。
▽https://www.on-the-slope.com/shop/
▽宅配のほか飲食店や八百屋の運営もしています。お越しください！

●**ゆう豆** (P129)
▽美山町産大豆をつかった湯葉を製造
▽南丹市美山町又林
▽0771(75)0019
▽http://miyamayuba.com/
▽東山に直営販売店・飲食店があります。

●**レストラン牛楽・木曽精肉店** (P132)
▽亀岡牛を販売、食事を提供
▽亀岡市篠町馬堀駅前2丁目3-1
▽0771(22)5654
▽http://www.gyuraku.jp/restaurant.html
▽落ち着いた空間で触れる亀岡牛の旨さを専門店でどうぞ。

●**いづづ屋** (P133)
▽赤身肉にこだわりを持つ食肉販売店
▽京丹波町須知
▽0771(82)0035
▽http://www.tanba-izutsuya.com/
▽赤身肉ならいづつ屋へ。ローストビーフやコロッケも大人気です。

●**かたもとオーガニックファーム** (P135)
▽無農薬野菜を育てる片本満大さんの農園
▽亀岡市篠町森
▽https://www.facebook.com/katamoto.vio/

［著者］
秋田 久氏（あきた ひさし）
1982年、愛知県生まれ。大阪大学法学部卒。2006年に京都新聞社入社。
南丹支局に2018年４月～20年３月まで赴任し、４月から舞鶴支局。
共著に「ふるさとNEXT 京都府北部地域で生きる」がある。

装丁 スワミカコ
デザイナー。2010年独立、福知山在住。紙のものを中心に、商品パッケージや広告制作などデザインするものは多種多様。食関連のものも多い

丹波訪食記

発行日 2020年10月31日 初版発行
著 者 秋田 久氏
発行者 前畑 知之
発行所 京都新聞出版センター
〒604-8578 京都市中京区烏丸通夷川上ル
Tel. 075-241-6192 Fax. 075-222-1956
http://www.kyoto-pd.co.jp/book/

印刷・製本 株式会社 京都新聞印刷
ISBN978-4-7638-0736-6 C0077

はじめに

文化には「本流」、「伏流」、「三日月湖」という河川のメタファーで語れる側面がある。本流とはだれの目にも明らかな、あるいは明らかであるとされる文化の継承の流れ。伏流とはここで文化が途切れているが下流でまた姿を現すと見てとる人々が、たとえ今は見えなくとも重要視する文化の隠れた流れ。三日月湖とはかつて文化という川の流れの一部であったものの、閉じた状態で、ひとつの完成である場合もあれば淀み切っている場合もある状態。三つが河川のみならず現象としての文化にも認められる。伏流や三日月湖は本流が陳腐化したとき力を見せる。三日月湖として滞留したかの作品が、新たな読みにより、新たな文化の発信源になる。そこでより正確に文化を見るため、所有、継承、交換、共有という順を意識する。すると所有以前にも以降にも、飢餓や略奪がその姿を思いのほか露骨に見せていることに気づく。

本書は文学や映像作品を対象に、それらの中にある人間の所有、継承、交換、共有という四つの活動を考察する文化論だ。かたちある物体、モノに関しての活動を考察する一方、かたちとしてはっきり見えない精神活動、つまり文化（有形、無形がある）活動への考察へと及ぶ。文化の厳密な定義にまずはこだわらず、作品、文化の具体例に即し想起されたイメージの連なりを記述し繋げていくので、読者には本書を通じ好みの作品などを糸口に四つの活動を巡るイメージを膨らませていただ

継承と共有
所有と交換のかたわらで
椙正行